우리 아이 속도로 가는
상위권 도달 솔루션

KB094581

초등이면 초코하는거야~
초등학습,
진실의 앱으로

뭐해~ 얼른 엄마한테
얘기하고 초코해~

오늘 학습, 놓친 학습으로
전 과목 핵심 학습

 **POP**

+

영역별/수준별
과목 전문 학습

달달독해
달달수학

2311S3DL5

하루 한장 구매자 대상 특별 혜택
회원 가입 시 코드를 입력하시면 **1,000포인트**를 드립니다.

미래엔이 만든 초등 전과목 온라인 학습 플랫폼

무약정
기간 약정, 기기 약정 없이 학습 기간을 내 마음대로

모든 기기 학습 가능
내가 가지고 있는 스마트 기기로 언제 어디서나

부담 없는 교육비
교육비 부담 줄이고 초등 전 과목 학습 가능

원하는 학습을 마음대로 골라서!

초등 전과목 & 프리미엄 학습을
자유롭게 선택하세요

학교 진도에 맞춰
초등 전과목을
자기주도학습 하고 싶다면?

아이 공부 스타일에 맞춘
AI 추천 지문으로
문해력을 강화하고 싶다면?

하루 30분씩
수준별 맞춤 학습으로
수학 실력을 키우고 싶다면?

국어 수학 사회 과학 영어
전 과목 교과 학습

AI 독해력
강화솔루션

AI 수학실력
강화솔루션

Mirae N

하루 한장

독해

바른답과 학부모 가이드

2 단계 (1~2학년)

하루 한장 독해의 효율적인 학습을 위한 특별 제공

1 "바른답과 학부모 가이드"의 앞표지를 넘기면 '학습 계획표'가 있어요. 아이와 함께 학습 계획을 세워 보세요.

2 "바른답과 학부모 가이드"의 뒤표지를 앞으로 넘기면 '붙임 학습판'이 있어요. 붙임딱지를 붙여 붙임 학습판의 그림을 완성해 보세요.

3 그날의 학습이 끝나면 '정답 확인' QR 코드를 찍어 학습 인증을 하고 하루템을 모아 보세요.

하루 한장 독해 2단계 학습 계획표

주차	일	읽기 목표	학습 내용	학습 계획일	부모님 확인
1주	1일	중요한 내용 파악하기	❶ 동탁이의 꿈 / ❷ 우리나라의 계절	월 일	
	2일		❶ 강아지를 찾아 주세요 / ❷ 지문	월 일	
	3일		❶ 가방의 변화 / ❷ 로봇	월 일	
	4일		❶ 반딧불이 / ❷ 천연 염색 이야기	월 일	
	5일		❶ 고래가 물을 뿜어요 / ❷ 이를 바르게 닦읍시다	월 일	
2주	1일	어떤 일이 일어났는지 알기	❶ 달을 태운 용 / ❷ 소금을 만드는 맷돌	월 일	
	2일		❶ 재훈이의 일기 / ❷ 이상한 샘물	월 일	
	3일		❶ 백두산 장생초 / ❷ 수탉과 돼지	월 일	
	4일		❶ 할아버지의 약속 / ❷ 우렁이 색시	월 일	
	5일		❶ 윤회와 거위 / ❷ 황금 알을 낳는 암탉	월 일	
3주	1일	등장인물의 성격 파악하기	❶ 사자 가죽을 뒤집어 쓴 당나귀 / ❷ 어부와 괴물	월 일	
	2일		❶ 왜 발바닥이 오목할까요 / ❷ 토끼 형제	월 일	
	3일		❶ 토끼의 재판 / ❷ 여우와 까마귀	월 일	
	4일		❶ 토끼와 호랑이 / ❷ 넌 멋쟁이야	월 일	
	5일		❶ 족제비의 주인 / ❷ 냄새 맡은 값	월 일	
4주	1일	일이 일어난 순서 파악하기	❶ 나의 하루 / ❷ 세린이의 일기	월 일	
	2일		❶ 감자 샌드위치 요리법 / ❷ 소화기 사용법	월 일	
	3일		❶ 배고픈 여우 / ❷ 태영이 이야기	월 일	
	4일		❶ 나혜의 하루 / ❷ 게가 되고 싶은 새우	월 일	
	5일		❶ 두더지 부부의 사윗감 찾기 / ❷ 신기한 항아리	월 일	
5주	1일	말의 재미 알기	❶ 사과는 빨개 / ❷ 귀뚜라미_최승호	월 일	
	2일		❶ 꼬부랑 할머니 / ❷ 오랑께롱 간께롱	월 일	
	3일		❶ 도토리_유성윤 / ❷ 자장가	월 일	
	4일		⓰ 말놀이 만화 / ❷ 꿀떡한 떡	월 일	
	5일		❶ 토끼와 소나무의 끝말잇기 / ❷ 두더지의 수수께끼	월 일	
6주	1일	글쓴이의 의견과 까닭 정리하기	❶ 고운 말을 사용해야 하는 까닭 / ❷ 숙제를 스스로 하자	월 일	
	2일		❶ 음식을 몰래 버리지 말자 / ❷ 쥐들의 가족회의	월 일	
	3일		❶ 교통질서를 지키자 / ❷ 안전띠를 매자	월 일	
	4일		⓰ 사람이야, 잔이야 / ❷ 환경을 지키는 분리배출	월 일	
	5일		❶ 누가 마을을 지켜야 하는가 / ❷ 참다운 개성을 갖추려면	월 일	
7주	1일	그림이나 사진 읽기	⓰ 돌잔치 풍경 / ⓰ 매연을 줄여 환경을 보호하자	월 일	
	2일		⓰ 민들레 씨앗의 여행 / ❷ 사물놀이	월 일	
	3일		⓰ 현수막 광고 / ⓰ 싱싱 마트 전단	월 일	
	4일		❶ 성장 / ❷ 물도 끊어 쓰세요	월 일	
	5일		⓰ 경훈이 이야기 / ❷ 포도밭에 숨은 보물	월 일	
8주	1일	주제 알기	❶ 존경하는 선생님께 / ❷ 작은 것도 소중해	월 일	
	2일		⓰ 모 뽑는 농부 / ❷ 이빨과 발톱을 버린 사자	월 일	
	3일		❶ 혀를 조심하라 / ❷ 서경덕	월 일	
	4일		❶ 황소를 부러워한 개구리 / ❷ 메아리	월 일	
	5일		❶ 원숭이들의 최후 / ❷ 해와 달이 본 세상	월 일	

●: 이야기 ●: 시, 노랫말 ●: 극본 ⓰: 설명하는 글 ●: 주장하는 글 ●: 생활 글 ⓰: 그림, 만화

바른답과
학부모 가이드

2단계 (1~2학년)

※ 예쁜 붙임딱지를 붙이면서 하루 한장과 함께 즐겁게 공부해 보세요!

1주 1일

🌰 예절을 지키자

❶ ✌️ 꿈　　　　✌️ (1) ○

　　✌️ 선재

- -

❷ ✌️ ⑤　　　　✌️ 가을

　　✌️ ①

❶

✌️ 이 글은 동탁이의 꿈에 대해 설명하고 있습니다. 그러므로 가장 첫 부분에 제시된 '동탁이의 꿈은 훌륭한 기술자가 되는 것입니다.'가 이 글에서 가장 중요한 문장입니다.

❷

✌️ 이 글은 우리나라의 사계절에 대하여 설명하고 있으므로, 첫 문장이 글에서 가장 중요한 문장입니다.

1주 2일

1 ㉠　　　　**2** ⑤

3 (1) ○　　　**4** 수지

5 ③　　　　**6** ☐☐☐☐ Ⅹ

7 ①　　　　**8** (2) ○

9 지문, 다른

2 강아지는 처음 보는 사람에게는 큰 소리로 짖지만, 아는 사람들에게는 금방 꼬리를 흔들며 재롱을 부린다고 하였습니다. 따라서 처음 보는 사람에게만 꼬리를 흔든다는 ⑤의 설명은 알맞지 않습니다.

6 이 글은 지문이 사람마다 모두 다르다는 것을 이야기하고 있습니다. 따라서 자신과 같은 지문을 가진 사람은 존재할 수 없다는 내용이 되어야 하므로, ㉠에 들어갈 수 없는 말은 '부모님밖에'입니다. '부모님밖에'라는 말이 들어가면, 부모님과 나의 지문 모양이 같다는 뜻이 되므로 알맞지 않습니다.

8 이 글은 지문이 사람마다 모두 다르다는 것을 이야기하고 있으므로, 이 글의 주요 내용으로는 (2)가 알맞습니다. 지문이 여러 분야에 사용되고 있다는 내용은 이 글의 일부분입니다.

1 ②   **2** ①

3 ( ), (○)   **4** ③

5 ②, ③   **6** ①

7 (○), ( )   **8** (2) ○

9 로봇, 일

2 이 글은 가방의 변화를 소개하며, 가방을 만드는 재료나 사용하는 가방의 종류가 어떻게 다양해졌는지 이야기하고 있습니다.

5 로봇은 사람이 시키는 대로 움직이거나 사람이 할 일을 대신하여 하는 기계를 말한다고 하였습니다.

6 이 글에서는 도둑이 집에 들어오는지를 감시하고, 도둑이 들어오면 경찰에 신고하는 로봇이 있다고 하였습니다. 또한 바닷속에서 자원을 캐기도 하고, 우리 몸속에 들어가 병을 치료하기도 하는 로봇이 있다고 하였습니다.

7 로봇은 크기가 다양하기 때문에, 작은 로봇을 알약처럼 삼키면 로봇이 우리 몸속에 들어갈 수 있다고 하였습니다.

8 이 글은 로봇이 하는 여러 일에 대해 이야기하고 있으므로, 가장 중요한 내용으로는 (2) '로봇은 여러 가지 일을 합니다.'가 알맞습니다.

재미있는 **어휘 놀이터**

◎ 다음 그림을 보고, 밑줄 친 말과 뜻이 반대되는 말을 찾아 선으로 이어 보세요.

바닷속이 깊다.

방에 들어가다.

약을 꿀꺽 삼키다.

뱉다

얕다

나오다

1 반딧불이   **2** (○), ( ), ( )

3 (1) ○   **4** ①, ②

5 ②

6 (1) 쪽, 치자 (2) 벌레, 조개, 오징어 먹물

7   **8** 천연 염색

3 반딧불이는 몸에서 나는 빛을 이용해 신호를 보내며 서로 생각을 주고받는다고 하였습니다. 즉, 반딧불이가 불빛을 내는 것은 서로 의사소통을 하기 위해서임을 알 수 있습니다.

5 우리 조상은 자연에서 색을 얻어 옷감에 물을 들이는 '천연 염색'을 했다고 하였습니다.

6 식물 염료로는 치자와 쪽 등이 있고, 동물 염료로는 오징어 먹물과 벌레, 조개 등이 있다고 하였습니다.

7 첫 번째 그림의 어린이는 노란색 옷을 들고 있으므로, 노란색의 염료인 치자를 이용하여 염색하였을 것입니다. 두 번째 그림의 어린이는 검은색 모자를 들고 있으므로, 검은색의 염료인 오징어 먹물을 이용하여 염색하였을 것입니다. 세 번째 그림의 어린이는 파란색 옷을 들고 있으므로, 파란색의 염료인 쪽을 이용하여 염색하였을 것입니다.

재미있는 **어휘 놀이터**

◎ 사다리를 타고 내려가 천연 염색에 쓰이는 재료의 이름과 쓰임을 확인해 보세요.

'쪽'은 파란색의 염료입니다.

'치자'는 노란색의 염료입니다.

'소목'은 붉은색의 염료입니다.

'오징어 먹물'은 검은색의 염료입니다.

2

1 ③　　　　　　　**2** (○), (　)

3 ②　　　　　　　**4** ⑤

5 (　), (○)　　　**6** ⑤

7 이

2 고래는 물속에서 오랫동안 잠수하고 있다가 숨을 쉬기 위해 물 위로 올라오는데 이때 참고 있던 숨을 한꺼번에 머리 꼭대기의 숨구멍으로 뿜어내면 고래의 따뜻한 숨과 차가운 공기가 서로 닿아 뭉치면서 흰 물보라처럼 보인다고 하였습니다.

4 ㉠의 뒤 문장에서는 이를 언제 닦아야 하는지에 대해 이야기하고 있습니다. '음식을 먹고 나서 한참 뒤에 닦는 것은 좋은 방법이 아니에요.'와 '음식을 먹은 뒤에 입안에 남아 있는 음식 찌꺼기를 닦아 내는 것이 이 닦기입니다.'라는 내용을 통해, 이는 음식을 먹은 뒤에 곧바로 닦아야 한다는 것을 추측할 수 있습니다.

6 칫솔질을 할 때는 칫솔질의 세기와 시간을 적당하게 해야 하며, 이의 안쪽과 어금니 쪽을 잘 닦아야 한다고 했습니다. 따라서 칫솔이 잘 닿지 않는다고 어금니를 닦지 않은 한나는 칫솔질을 바르게 하지 못한 것으로 볼 수 있습니다.

재미있는 어휘 놀이터

◎ 다음 그림과 설명을 보고, 치아와 관련된 말을 보기 에서 골라 빈칸에 쓰세요.

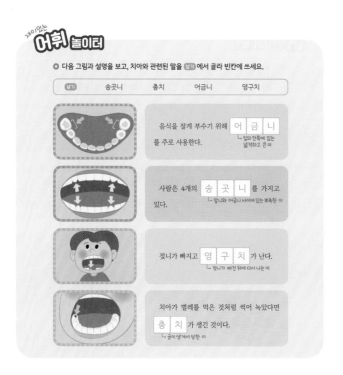

| 보기 | 송곳니 | 충치 | 어금니 | 영구치 |

음식을 잘게 부수기 위해 어금니 를 주로 사용한다.
└ 입의 안쪽에 있는 넓적하고 큰 이

사람은 4개의 송곳니 를 가지고 있다.
└ 앞니와 어금니 사이에 있는 뾰족한 이

젖니가 빠지고 영구치 가 난다.
└ 젖니가 빠진 뒤에 다시 나는 이

치아가 벌레를 먹은 것처럼 썩어 녹았다면 충치 가 생긴 것이다.
└ 균이 생겨서 상한 이

🌰 날아갔다

❶ ✌ ● ——————— ● ✌ ②

❷ ✌ 나와라, 멈춰라

✌ (1) ○ (2) ○ (3) X (4) X

❶

✌ 어느 날 저녁, 작은 용이 달을 향해 불을 뿜어서 달이 새까맣게 타 버렸습니다. 그래서 용 마을에서는 까만 하늘에서 까만 달을 구별할 수 없었다고 하였습니다.

❷

✌ 맷돌에서 쏟아져 나온 소금으로 가득 찬 배가 기우뚱거리기 시작하자, 도둑은 너무 놀라 "멈춰라, 소금!"이라는 말을 잊어버렸다고 하였습니다. 또한 결국 맷돌은 도둑과 함께 바닷속에 가라앉았다고 하였으므로, (3)과 (4)는 이 글을 정리한 내용으로 알맞지 않습니다.

재미있는 어휘 놀이터

◎ 다음 그림과 설명을 보고, 빈칸에 들어갈 알맞은 말을 보기 에서 골라 쓰세요.

| 보기 | 맷돌 | 키 | 절구 | 가마솥 |

키
└ 곡식에 섞여 있는 티끌 등을 골라내는 기구

가마솥
└ 무쇠로 만든 큰 솥

맷돌
└ 곡식을 가는 데 쓰는 기구

절구
└ 곡식을 찧거나 빻는 데 사용하는

1 ㉠, ㉡

2 (1) ○

3 샘물

4 ④

5 샘물, 아기

6 (1) ㉡ (2) ㉢

7 샘물, 아기

1 글쓴이는 학교가 끝나고 집에 오는 길에 준하와 아이스크림을 사 먹고, 같이 놀이터에서 비를 맞으며 시소를 탔다고 했습니다. 따라서 그네를 탔다는 ㉢의 설명은 알맞지 않습니다. 또한 어머니와 병원에 간 것은 집에 온 이후의 일입니다.

4 할머니는 집에 젊은이가 들어오자 깜짝 놀라 "아니, 젊은이는 누구요?"라고 물었습니다. 즉, 할머니는 착한 할아버지가 샘물을 마시고 젊어진 것을 알지 못했기 때문에 젊은이로 변한 할아버지의 모습을 보고 깜짝 놀랐다는 것을 알 수 있습니다.

5 ㉠에는 욕심쟁이 할아버지가 샘물에 간 이후에 벌어진 일이 들어가야 합니다. ㉠의 뒷부분을 보면, 욕심쟁이 할아버지는 돌아오지 않았고 샘가에는 웬 아기가 앙앙 울고 있었다고 하였습니다. 따라서 욕심쟁이 할아버지가 샘물을 너무 많이 마셔서 아기가 되었다는 내용이 알맞습니다.

재미있는 **어휘 놀이터**

◎ 보기 를 보고, 다음 문장에 어울리는 말을 골라 ○표 하세요.

> 보기 • -장이: '그것을 직업으로 하는 사람'이라는 뜻을 더하는 말.
> • -쟁이: '그러한 특성을 많이 가진 사람'이라는 뜻을 더하는 말.

(욕심장이 / 욕심쟁이) 언니가 혼자서 아이스크림을 다 먹었다.

(미장이 / 미쟁이) 아저씨가 와서 시멘트 작업을 시작했다.

우리 이모는 소문난 (멋장이 / 멋쟁이)이다.

할아버지는 20년 동안 양복점을 운영한 (양복장이 / 양복쟁이)이다.

---

1 (1) ○ (2) X (3) X (4) X (5) ○

2 도와주라고

3 (선 연결)

4 ⑤

5 ( ), (○), ( )

6 상, 벌

1 아들은 병으로 누워 지내시는 어머니의 약을 구하기 위해 마을에서 가장 지혜로운 노인을 찾아갔습니다. 그리고 지혜로운 노인이 알려 준 '장생초'라는 약초를 구하기 위해 백두산으로 떠났습니다.

2 하늘 나라의 임금님은 돼지와 수탉을 불러 땅으로 가서 사람들을 도와주라고 하였고, 이에 돼지와 수탉은 땅으로 내려가게 되었다고 했습니다.

4 코가 납작하게 눌린 돼지는 임금님께 잘못했다고 말하며 용서를 빌었으므로, 상을 받지 못해 크게 화를 냈다는 말은 알맞지 않습니다.

5 하늘 나라의 임금님이 수탉의 머리에 왕관을 씌워 주었다는 것과 돼지의 코를 납작하게 눌러 버렸다는 것에서 하늘 나라에 다시 돌아간 돼지와 수탉의 모습을 상상할 수 있습니다. 그런데 땅에 내려오기 전 하늘 나라에 살 때는 수탉에게 볏이 없었다고 했으므로, 수탉의 머리에 씌워진 왕관은 '볏'임을 추측할 수 있습니다.

재미있는 **어휘 놀이터**

◎ 다음 그림을 보고, 모양을 나타내는 말을 보기 에서 골라 빈칸에 알맞게 쓰세요.

> 보기 납작하다 뭉툭하다 뾰족하다 오목하다

접시가 납작하다 .

밥그릇이 오목하다 .

연필 끝이 뾰족하다 .

구두의 앞코가 뭉툭하다 .

1 ② 2 유진

3 조롱박 4 ④

5 ⑤ 6 ④

7 임금님 8 조롱박, 배, 임금님

2 아침이 되어 이슬이가 밤나무를 깨웠지만 밤나무는 꿈쩍도 하지 않았다고 했습니다. 따라서 밤나무가 바로 일어났다는 유진이의 말은 알맞지 않습니다.

5 젊은이가 열심히 노를 젓자 갑자기 수많은 물고기들이 나타나 젊은이의 배를 끌고 쏜살같이 나아가기 시작했고, 이를 지켜보던 사람들은 젊은이가 욕심쟁이 임금님의 배를 앞질렀다며 환호성을 질렀다고 하였습니다. 따라서 물고기들이 배를 빠르게 끌어 주었기 때문에, 젊은이의 배가 임금님의 배를 앞지를 수 있었음을 알 수 있습니다.

6 '구경하는 사람들이 안타까워하며 웅성거렸습니다.'를 통해, ㉠에서는 안타까운 마음이 느껴진다는 것을 알 수 있습니다. 환호성은 '기뻐서 큰 소리로 외치는 소리'입니다. 따라서 '사람들이 환호성을 질렀습니다.'를 통해, ㉡에서는 기쁘고 즐거운 마음이 느껴진다는 것을 알 수 있습니다. 마지막으로 '임금님은 화가 치밀어 소리를 질렀습니다.'를 통해, ㉢에서는 화가 난 마음이 느껴진다는 것을 알 수 있습니다.

1 떨어뜨린, 묶어, 거위, 똥

2 황금 알 3 준이

4 ② 5 ─────

6 ⑤ 7 욕심, 황금, 후회

2 농부가 시장에서 암탉을 사 온 다음 날 아침, 농부의 아내는 암탉이 황금 알을 낳은 것을 보고 깜짝 놀랐다고 하였습니다.

3 암탉이 황금 알을 낳는 것을 알게 되자, 농부와 그의 아내는 흥청망청 돈을 써서 하루 한 알로는 돈이 모자라게 되었습니다. 그리고 두 사람은 점점 욕심이 생겨 하루에 한 알밖에 낳지 못하는 상황을 답답하게 여겼습니다. 따라서 암탉을 소중히 여기며 더 욕심을 내지 않고 고마워했다는 아현이의 말은 알맞지 않습니다.

4 농부의 아내는 암탉의 배 속에 굉장히 많은 황금 알이 들어 있을 거라며, 암탉의 배를 갈라 보자고 제안하였습니다.

6 닭이 죽고 나면 되돌릴 수 없다며 부부를 말리던 딸의 애원에도 불구하고 농부와 아내는 암탉의 배를 갈랐고, 이들은 결국 암탉의 배 속에 아무것도 없다는 것을 확인했습니다. 따라서 ㉢에 들어갈 말로 가장 알맞은 것은 '이전의 잘못을 깨치고 뉘우침.'이라는 뜻의 '후회'입니다.

3주 1일

🌰 지혜롭다

1 ✌ 사자, 놀라게 ✌ ①
　　✌ 예성

2 ✌ ① ✌ 항아리, 뚜껑, 바다
　　✌ ②

❶

✌ 여우는 당나귀에게 어리석다고 말하며 자기를 속일 수 없다고 하였으므로, 영리한 성격임을 알 수 있습니다.

❷

✌ 어부는 괴물을 다시 항아리 속에 들어가게 한 뒤 항아리의 뚜껑을 닫아 바다로 던져 버렸습니다. 이러한 행동을 통해 어부가 꾀가 많은 성격임을 알 수 있습니다.

3주 2일

1 줄여서, 죽는 **2** ②

3 ╳ **4** ②

5 ⑤ **6** ⑤

7 (○), ( ) **8** 산불, 작아서

2 노인은 곤충이나 새싹과 같은 생명들이 혹시나 자신이 신고 다니는 신발에 밟혀 죽을까 봐 걱정하고 있으므로, 세심한 성격임을 알 수 있습니다.

5 형님 토끼는 동생 토끼에게 다른 동물 친구들에게 산불이 났다는 것을 알리라고 하였습니다.

6 동생 토끼는 형이 시킨 대로 마을에 달려가 산불이 났으니 얼른 피하라고 말했지만, 목소리가 너무 작아서 아무도 듣지 못했다고 하였습니다. 따라서 ⑤와 같은 소민이의 말은 알맞지 않습니다.

7 동생 토끼는 부끄러움을 많이 타서 항상 작은 목소리로 말하고는 하였다고 했습니다. 그러나 산불이 난 상황처럼 위급한 상황에서는 큰 소리로 이야기해야 전달이 잘 되므로, 상황에 따라 알맞은 크기의 목소리로 말해야 한다는 충고를 해 줄 수 있습니다.

재미있는 **어휘 놀이터**

◎ 다음 그림을 보고, 문장에 어울리는 말을 골라 ○표 하세요.

고추장을 대접에 담으려고 장독대 뚜껑을 (닫다 / **열다**).

고추장을 대접에 담은 후 장독대 뚜껑을 (**닫다** / 열다).

투수가 공을 (받다 / **던지다**).

포수가 공을 (**받다** / 던지다).

재미있는 **어휘 놀이터**

◎ 다음 밑줄 친 낱말과 뜻이 비슷한 말을 골라 ○표 하세요.

성진이는 목소리가 크고 씩씩하다.
〔 여리다 〕 〔 **힘차다** 〕

성규는 무척 게으르다.
〔 **나태하다** 〕 〔 부지런하다 〕

친구들 앞에서 노래하는 것이 부끄럽다.
〔 **수줍다** 〕 〔 너그럽다 〕

우리 담임 선생님은 모두에게 친절하다.
〔 까다롭다 〕 〔 **상냥하다** 〕

6

1 (○), ( )

2 ( ), (○), ( ), (○)

3 ⑤   4 ③

5 ②   6 여우, 고기, 여우

1 나그네는 호랑이가 궤짝 문을 열어 달라고 부탁하자, "뭐요? 문을 열어 달라고? 열어 주면 뛰쳐나와서 나를 잡아먹을 것이 아니오?"라며 호랑이를 의심하고 있습니다. 이를 통해 나그네는 의심이 많은 성격임을 알 수 있습니다.

3 까마귀가 먼저 낚아챈 고기를 빼앗아 먹을 생각을 하던 여우는 까마귀가 입을 벌려 물고 있던 고기를 떨어뜨리도록 하기 위해 까마귀에게 노래를 불러 달라고 하였습니다.

4 여우는 까마귀가 물고 있는 고기를 빼앗아 먹으려고 하고 있고, ㉠ 뒤에는 까마귀가 엉엉 울었다는 내용이 나와 있습니다. 그러므로 ㉠에는 떨어진 고기를 여우가 주워 먹었다는 내용이 오는 것이 알맞습니다.

5 여우의 칭찬에 기분이 좋아져 고기를 물고 있던 것도 잊은 채 노래를 부른 까마귀의 행동을 통해, 까마귀가 어리석은 성격임을 알 수 있습니다.

1 ⑤   2 ②

3 ④   4 ③

5 창희   6 심술궂다.

7 심술궂은, 빼앗았습니다

2 토끼는 자신을 잡아먹겠다는 호랑이가 무서웠지만, 떡을 구워 준다고 말한 뒤 불 위에 돌멩이를 올려 굽는 꾀를 부렸습니다. 이러한 행동을 통해 토끼가 영리하고 꾀가 많다는 것을 알 수 있습니다.

3 무당벌레는 일곱 개의 점무늬가 반짝반짝 빛나는 예쁜 옷을 오늘도 자랑하였다고 하였습니다.

4 개미는 자신이 검은 옷만 입고 다니기 때문에, 예쁜 점무늬 옷을 입고 다니는 무당벌레와 친해지고 싶어 했습니다.

5 개미는 무당벌레가 "야, 검댕아!"라고 부르며 놀릴 때마다 이름을 불러 달라고 여러 번 이야기했다고 하였습니다. 그리고 이를 듣지 않는 무당벌레에게 화가 났지만 꾹 참았다고 했으므로, 창희의 대답이 알맞습니다.

6 개미에게 "야, 검댕아!"라고 한 말과 개미의 크레파스를 마음대로 빼앗아 가는 행동을 통해 무당벌레가 심술궂은 성격임을 알 수 있습니다.

재미있는 어휘 놀이터

◎ 다음 그림을 보고, 빈칸에 들어갈 알맞은 말을 찾아 선으로 이어 보세요.

올해 여름은 매우 ( ).   무덥다

구름 한 점 없이 ( ).   화창하다

곧 비가 올 것처럼 ( ).   우중충하다

재미있는 어휘 놀이터

◎ 다음 그림을 보고, 흉내 내는 말을 보기 에서 골라 빈칸에 알맞게 쓰세요.

보기   꼬물꼬물   데굴데굴   뒤뚱뒤뚱   성큼성큼

개미가 [꼬][물][꼬][물] 기어간다.

무대 위를 [성][큼][성][큼] 걸었다.

오리가 [뒤][뚱][뒤][뚱] 걷는다.

축구공이 [데][굴][데][굴] 굴러갔다.

1 족제비   2 ⑤

3 ④   4 (2) ○

5 ④   6 ( ), (○)

7 냄새, 소리

2 사냥꾼과 집주인의 다툼을 본 아이는 족제비의 가죽이 필요했던 사냥꾼과 족제비의 고기가 탐났던 개의 상황을 고려하여 사냥꾼과 집주인이 각각 가죽과 고기를 나누어 가질 것을 제안하였습니다. 그리고 이를 지켜본 사람들은 아이의 생각이 슬기롭다고 생각하였습니다. 따라서 아이는 지혜로운 성격임을 알 수 있습니다.

3 배가 고팠던 나그네는 기와집 앞에 멈춰 서서 그 집에서 나는 고깃국의 냄새를 맡으며 서 있었다고 하였습니다.

4 집주인은 나그네에게 귀한 고기를 넣고 끓인 국 냄새를 함부로 맡았으니 냄새 맡은 값을 내라고 이야기하였습니다.

5 ㉠ 바로 뒤에 "냄새 맡은 값으로 돈 소리를 들려 드렸소. 이제 됐지요?"라는 나그네의 말이 나옵니다. 즉, 나그네는 집주인에게 돈 소리를 들려 준 것입니다. 따라서 나그네가 엽전을 꺼냈다는 내용과 이어지면서 동시에 집주인이 자신의 잘못을 후회한 일의 원인이 될 수 있는 내용으로 알맞은 것은 ④ '나그네는 엽전을 손에 쥐고 흔들어 쩔렁쩔렁 소리를 내었습니다.'입니다.

6 고깃국의 냄새를 맡은 나그네에게 귀한 고깃국 냄새를 함부로 맡았다며 냄새 맡은 값을 내라고 하는 집주인의 행동을 통해, 집주인은 인정이 없는 야박한 성격임을 알 수 있습니다. 또한 냄새를 맡은 값을 받고 싶어 하는 모습을 통해 집주인은 욕심이 많다는 것도 알 수 있습니다. 나그네는 이러한 집주인의 행동에 엽전을 꺼내 돈 소리만 들려주고는 다시 엽전 다섯 냥을 넣어 버렸으므로 이러한 모습을 통해 야무지고 슬기로운 성격임을 알 수 있습니다.

재미있는 **어휘** 놀이터

◎ 사다리를 타고 내려가 단위를 나타내는 말을 확인해 보세요.

| 엽전 한 ( ) | 두부 한 ( ) | 볏짚 한 ( ) | 달걀 한 ( ) |

| 판 | 단 | 모 | 냥 |

'판'은 달걀을 묶어 세는 단위로, 달걀 한 판은 달걀 삼십 개를 이릅니다. '달걀 한 판'처럼 표현할 수 있습니다. '단'은 짚, 땔나무, 채소 따위의 묶음을 세는 단위로, '볏짚 한 단'처럼 표현할 수 있습니다. '모'는 두부나 묵 따위를 세는 단위로, '두부 한 모'처럼 표현할 수 있습니다. '냥'은 예전에 엽전을 세던 단위로, '엽전 한 냥'처럼 표현할 수 있습니다.

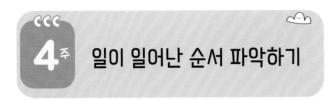

4주 일이 일어난 순서 파악하기

4주 1일

ㄱ - ㄹ - ㄷ - ㄴ

1 (선 잇기)

(1), (4), (3), (2)

2 아침, 점심때, 저녁, 내일

2 - 1 - 3

1

자리에서 일어나서 제일 먼저 이를 닦고, 세수를 하고, 밥을 먹고, 학교에 간다고 하였으므로 일이 일어난 순서는 '1 - 4 - 3 - 2'입니다.

2

글쓴이는 아침에 일어나 샌드위치를 만들어 먹었고, 점심때는 엄마가 만들어 주신 국수를 먹고 낮잠을 잤습니다. 저녁에는 아빠가 사 오신 치킨을 가족들과 나누어 먹었습니다.

재미있는 어휘 놀이터

❖ 다음 그림을 보고, 빈칸에 들어갈 알맞은 말을 찾아 선으로 이어 보세요.

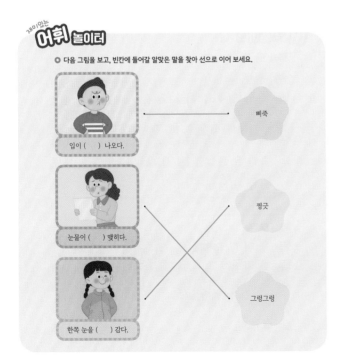

4주 2일

1 감자, 당근, 식빵, 오이

2 4 - 1 - 2 - 3 - 5   **3** 소화기

4 ④   **5** 성우

6 바람, 불   **7** 2 - 3 - 1

8 소화기

1 샌드위치를 만드는 순서를 설명하고 있는 글로, 제시된 내용을 통해 샌드위치를 만들 때 감자, 소금, 당근, 오이, 마요네즈, 설탕, 식빵이 필요하다는 것을 알 수 있습니다.

4 이 글은 소화기 사용법에 대해 설명하고 있습니다.

5 소화기의 안전핀은 불이 난 곳 근처에서, 소화기의 몸체를 잡고 빼야 한다고 했습니다.

6 바람을 등지지 않으면 소화기에서 나오는 것들이 되돌아올 수 있으므로, 소화기를 사용할 때는 바람을 등지고 선 뒤에 호스를 불 쪽으로 향하게 해야 합니다.

7 소화기를 사용하는 방법을 정리하면 다음과 같습니다. 먼저 소화기를 들고 불이 난 곳으로 간 후, 안전핀을 뽑습니다. 그리고 호스를 불 쪽으로 향하게 합니다. 끝으로 소화기의 아래 손잡이를 당겨 움켜쥐고 뿌립니다.

재미있는 어휘 놀이터

❖ 다음 그림을 보고, 빈칸에 들어갈 알맞은 말을 골라 ○표 하세요.

1 ④   **2** 3 - 1 - 2 - 4

3 ④   **4** 누나, 친구

5 ①   **6** ③

7 ⑤ - ④ - ② - ③ - ①

8 즐거운

1 ㉣ '그러나'는 시간을 나타내는 말이 아니라, 문장과 문장을 연결해 주는 역할을 하는 '이어 주는 말'입니다.

3 가족과 함께 시골 할아버지 댁에 간 태영이는 중간에 휴게소를 들렀습니다. 그리고 할아버지, 할머니 댁에 도착한 후에는 읍내 근처에서 열리고 있는 한마음 축제에 구경을 가 꽃길을 걸으며 사진을 찍었다고 했습니다. 그러나 읍내 사진관에는 가지 않았습니다.

5 이 글에서 앞의 세 문장을 보면, 태영이네 가족은 아침 9시에 출발해서 휴게소에 들렀다가 12시쯤 할아버지, 할머니 댁에 도착하였습니다. 따라서 휴게소에 들른 때는 아침 9시와 낮 12시 사이의 오전이라고 할 수 있습니다.

6 시간을 나타내는 말을 이 글에서 쓰인 순서대로 정리하면, '아침 9시-12시쯤-오후-저녁'입니다. ③ 이외에 나머지의 시간 순서는 바르게 나열되어 있지 않습니다.

1 ( ), (○), ( )

2 (1) 집 (2) 교실 (3) 미술실 (4) 운동장 (5) 집

3 집게발   **4** ②

5 ③   **6** ☐ X ☐

7 집게발, 게

5 흉내쟁이 새우는 게 동네, 새우 마을, 냇물의 소를 차례대로 찾아갔습니다. 그러나 게 동네에서는 새우 주제에 게 흉내를 낸다며 버릇없다는 소리를 듣고 쫓겨났습니다. 그 후 새우 마을에 갔지만, 흉측한 집게발을 달고 와 새우를 망신시키고 새우 마을의 명예를 더럽혔다며 또 쫓겨났습니다. 마지막으로 찾아간 냇물의 소에서도 물고기들은 새우를 보며 놀려 댔습니다. 그런데 흉내쟁이 새우가 게 동네에서 쫓겨났을 때 마음이 좀 언짢았다고 했으므로, 기쁜 마음으로 새우 마을로 돌아갔다는 ③의 설명은 알맞지 않습니다.

6 이 글은 자신의 모습에 만족하지 못하고 남을 따라 하다가 어디에도 속하지 못하게 된 새우의 이야기입니다. 따라서 다른 사람의 좋은 점을 일단 따라 해 보라는 것은 이 이야기의 주제를 잘못 이해한 것입니다.

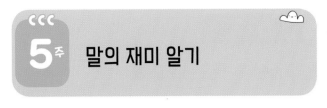

4주 5일

1 ④ - ① - ② - ③ - ⑤

2 ⑤   **3** ⑤

4 (1) 4 (2) 2 (3) 3 (4) 1

5 ①   **6** 항아리, 원님

1 이 글에서 두더지 부부는 해님, 구름, 바람, 바위, 두더지의 순서대로 만났습니다.

2 농사꾼은 괭이로 밭을 파 일구다가 커다란 항아리 하나를 발견했다고 했습니다.

3 항아리 속에 괭이를 넣어 집으로 가져온 농사꾼이 이튿날 아침에 항아리를 안을 보니 괭이로 가득 차 있었다고 했습니다. 이를 통해 항아리는 넣은 물건을 많이 만들어 내는 능력을 가진 것을 알 수 있습니다.

5 넣은 물건을 무엇이든 많이 만들어 주는 신기한 항아리 속에 원님의 아버지가 쏙 빠지고 말았다고 했습니다. 따라서 ㉠에는 원님의 아버지가 수없이 많아지는 내용이 들어가야 합니다.

다음 그림을 보고, '-꾼'이 들어간 말을 따라 쓰세요.

그는 소문난 | 농 | 사 | 꾼 | 이다.

민하는 타고난 | 씨 | 름 | 꾼 | 이다.

그녀는 판소리를 잘하면 | 소 | 리 | 꾼 | 이다.

'-꾼'은 '어떤 일을 전문적으로 하는 사람'이라는 뜻을 더하는 말입니다.

5주 말의 재미 알기

5주 1일

🌰 자리

① ✌ (2) ○   ✌ ( ), (○)

② ✌ (2) ○   ✌ 승찬

①
☝ 이 노랫말은 '사과는 빨개 → 빨가면 딸기 → 딸기는 작아' 처럼 말의 꽁지를 따서 다음 말을 이어 가는 꽁지 따기 말놀이입니다. (1)은 '사과 → 사진 → 사고'처럼 첫 글자가 같은 말을 이어서 말하는 첫 글자로 말 잇기 놀이입니다. (3)은 끝말잇기입니다.

②
☝ '재미있는 말'은 반복되는 말이나 흉내 내는 말처럼 읽거나 들으면 즐거움을 주는 말입니다. 「귀뚜라미」에 나오는 '맨드라미', '쓰르라미', '귀뚜라미', '동그라미'는 모두 '라미'라는 말이 반복되면서 즐거움을 주고 있습니다.

사다리를 타고 내려가 각 계절에 피는 꽃의 이름을 확인해 보세요.

봄	여름	가을	겨울

동백꽃   튤립   코스모스   맨드라미

5주 2일

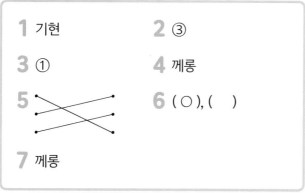

1 기현

2 ③

3 ①

4 께롱

5 (교차선)

6 (○), (   )

7 께롱

2 「오랑께롱 간께롱」은 말의 끝에 '께롱'이라는 표현을 반복하여 두 사람의 대화를 엮고 있는 노래입니다. ①은 주고받는 말놀이, ②는 첫 글자로 말 잇기 놀이, ④는 꽁지 따기 말놀이에 대한 설명입니다.

4 이 노랫말에서는 두 사람이 말을 주고받는 내용과 반복되는 표현('께롱')이 재미를 느끼게 합니다. 이것을 알고 노랫말을 이해하면 더욱 재미를 느낄 수 있습니다.

5 네 번째 줄의 '맛있는께롱 더 달랑께롱'은 떡이 맛있으니 떡을 더 달라는 뜻이고, 다섯 번째 줄의 '안 준께롱 운께롱'은 떡을 안 주니 울었다는 뜻입니다. 여섯 번째 줄의 '더 준께롱 뚝 그친께롱'은 떡을 더 주었더니 울음을 뚝 그쳤다는 뜻입니다.

6 '께롱' 앞에는 '-다'와 같은 '문장을 끝내는 말'이 나타나지 않았습니다. 그리고 '께롱' 앞의 말은 받침으로 'ㄴ'과 'ㅇ'만 나타납니다.

재미있는 **어휘** 놀이터

◎ 다음 그림을 보고, 빈칸에 들어갈 알맞은 말을 골라 ○표 하세요.

짝꿍에게 사탕을 (   ) 건네주었다.
슬며시 / 요란히

작아진 장갑을 (   ) 손에 꼈다.
도저히 / 억지로

천둥소리에 (   ) 놀라 잠에서 깼다.
가만히 / 화들짝

호박들이 담을 따라 (   ) 늘어서 있다.
홀로 / 줄줄이

5주 3일

1 (   ), (   ), (○)

2 (   ), (○)

3 ①

4 잠

5 눈

6 ⑤

7 살금살금, 깜빡깜빡, 쌔근쌔근

8 ①

9 재울

1 말의 재미는 흉내 내는 말이나 반복되는 말을 통해 느낄 수 있습니다. 이 시에서는 '때굴때굴'이라는 흉내 내는 말을 통해 말의 재미를 느낄 수 있습니다.

3 이 노래는 아기를 재울 때 불러 주는 자장가입니다.

6 이 노랫말에서 아기는 잠이 와서 쌔근쌔근 잠들고 있으므로, 아기가 눈을 크게 뜨고 강아지를 쳐다보는 장면이 떠오른다는 말은 알맞지 않습니다.

7 '재미있는 말'은 반복되는 말이나 흉내 내는 말처럼 읽거나 들을 때 즐거움을 주는 말을 뜻합니다. '살금살금'은 남이 알아차리지 못하도록 눈치를 살펴 가면서 살며시 행동하는 모양을, '깜빡깜빡'은 눈이 자꾸 감겼다 뜨이는 모양을, '쌔근쌔근'은 어린아이가 곤히 잠들어 조용하게 자꾸 숨 쉬는 소리나 모양을 흉내 내는 말입니다.

재미있는 **어휘** 놀이터

◎ 다음 그림과 낱말의 뜻을 보고, 잠과 관련된 우리말을 따라 쓰세요.

아기가 나 비 잠 을 잔다.
└ 갓난아이가 두 팔을 머리 위로 벌리고 자는 잠

소파 위에서 새 우 잠 을 잤다.
└ 마치 새우처럼 몸을 구부리고 불편하게 자는 잠

열 명에서 좁은 방 한 칸에 옹기종기 모여 갈 치 잠 을 잤다.
└ 비좁은 방에서 여럿이 옆으로 끼어 자는 잠

의자에 앉아 말 뚝 잠 이 들었다.
└ 꼿꼿이 앉은 채로 자는 잠

1 말 덧붙이기 놀이　　**2** ②

3 ①　　　　　　　　**4** ③

5 ④

6 (1) 3 (2) 1 (3) 2 (4) 4

7 승민　　　　　　　**8** 두목, 떡

1 '말 덧붙이기 놀이'는 앞 친구의 말을 반복하고 새로운 말을 덧붙이는 놀이입니다.

2 이 만화에서는 앞 사람의 말을 반복하고 새로운 말을 덧붙이고 있습니다. 따라서 세 번째 그림에 나온 오빠의 말을 잘 살펴봐야 합니다. 오빠는 그네, 미끄럼틀, 시소, 회전목마의 차례로 말하고 있으므로, ⓒ에 들어갈 말은 '시소'입니다. ③의 정글짐은 대화에 등장하지 않습니다. ⑤의 회전목마는 만화 속에서 놀이터에 없는 것이라고 하였습니다.

5 도적 떼의 두목은 떡의 반을 잘라 먹은 후 떡의 모양이 반달 모양과 같아졌기 때문에 '반달떡'이라고 한 것입니다.

7 '꿀떡'은 음식물을 목구멍으로 한꺼번에 삼키는 소리나 모양을 흉내 내는 말입니다. 도적 떼의 두목은 떡을 삼켜서 먹어 버리고는, 흉내 내는 말을 활용하여 '꿀떡'이라고 말한 것으로 볼 수 있습니다.

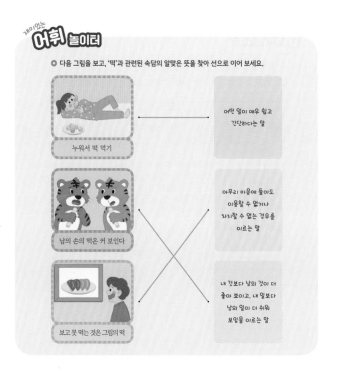

1 1 - 3 - 2　　**2** ④

3 ⑤　　　　　　**4** ①

5 ④　　　　　　**6** ☐☐○

7 수수께끼, 두더지

1 끝말잇기 놀이는 앞사람이 하나의 낱말을 말하면, 다음 사람이 그 낱말의 끝 글자로 시작하는 낱말을 계속 이어 가며 말하는 놀이입니다.

2 끝말잇기 놀이 중이므로, 식목일 다음의 빈칸에는 '일'로 시작하는 낱말이 들어가야 합니다. ④와 ⑤에서 모두 낱말이 '일'로 시작하고 있으나, 그 다음 빈칸에 들어갈 낱말의 첫 글자가 이전 낱말의 마지막 글자로 시작하는 것은 ④입니다. ②는 '첫 글자로 말 잇기 놀이'의 예입니다.

3 호랑이와 사자는 서로 자신이 동물의 왕이 되어야 한다며 으르렁대었습니다. 또한 두더지가 수수께끼 문제를 내자 호랑이와 사자는 자신들이 보지 못한 것이라며 문제가 이상하다는 듯이 말하는 것으로 보아, 자신을 지나치게 믿는 편임을 알 수 있습니다.

5 '항상 집을 등에 지고 다니는 것은 무엇이오?'라는 질문의 답으로 가장 알맞은 것은 등에 단단한 껍데기를 지니고 다니는 달팽이입니다.

6주 글쓴이의 의견과 까닭 파악하기

🥜 멋진 도복을 입을 수 있기

❶ ✌️ 고운 말　　✌️⭕⭕▢

　　✌️ 우진

❷ ✌️ ( ), (⭕), ( )

　　✌️ ②, ③, ⑤　　✌️ (2) ⭕

❶

✌️ '의견'은 글쓴이나 인물의 생각으로, 모든 사람의 의견이 똑같을 수는 없습니다.

❷

✌️ 숙제를 할 때 도움을 계속 받으면 혼자서는 할 수 없게 된다는 점, 숙제를 자기 힘으로 하면 많은 것을 공부할 수 있으며 스스로 공부하는 힘도 기를 수 있다는 점을 들어 가며, '숙제는 자기 힘으로 해야 한다.'는 의견을 주장하였습니다.

재미있는 어휘 놀이터

○ 다음 그림을 보고, 밑줄 친 낱말과 뜻이 비슷한 말을 찾아 선으로 이어 보세요.

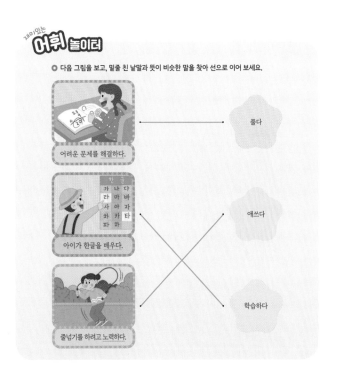

어려운 문제를 해결하다. — 풀다

아이가 한글을 배우다. — 애쓰다

줄넘기를 하려고 노력하다. — 학습하다

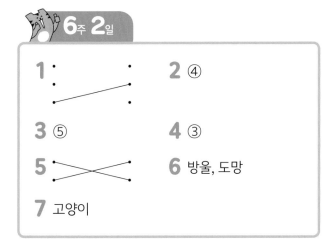

1 ·——·　　**2** ④

3 ⑤　　**4** ③

5 ✕　　**6** 방울, 도망

7 고양이

1 글쓴이는 음식을 함부로 버리지 않도록 노력해야 한다고 말하며, 그 까닭으로 음식에는 많은 사람의 노력이 담겨 있기 때문이라고 하였습니다.

2 할아버지 쥐가 "어제 또 우리 가족이 고양이에게 잡혀갔단다. 더 이상 우리 가족을 잃을 수는 없어."라고 말한 것에서 가족회의를 연 까닭을 추측할 수 있습니다.

4 둘째 쥐는 이웃 마을로 이사를 가자는 첫째 쥐의 말에 "이삿짐 싸기가 힘들잖아요."라고 말하며 문제점을 밝힌 후 자신의 의견을 이야기하고 있습니다.

6 셋째 쥐는 고양이가 올 때마다 방울 소리가 나니까 빨리 도망갈 수 있다는 까닭을 들어 고양이 목에 방울을 달자는 의견을 내었습니다.

재미있는 어휘 놀이터

○ 다음 그림을 보고, 움직임을 나타내는 말을 보기에서 골라 빈칸에 알맞게 쓰세요.

| 보기 | 달다 | 싸다 | 닦다 | 차다 |

상자에 이삿짐을 싸 다.

손목에 시계를 차 다.

방바닥을 걸레로 닦 다.

고양이의 목에 방울을 달 다.

1 ①　　　**2** ( ), ( ), (X)

3 ④　　　**4** ( ), (X), ( )

5 (1) ○　　　**6** ( ), (○)

7 안전띠

---

1 글쓴이는 이 글에서 교통질서를 잘 지켜야 한다는 의견을 말하고 있습니다.

4 글쓴이는 안전띠를 매지 않으면 차가 갑자기 출발하거나 멈출 때 우리 몸이 많이 흔들리게 되고, 차가 다른 물체와 세게 부딪치면 그 충격으로 우리 몸이 앉은 자리에서 튕겨 나가 심하게 다칠 수 있다고 하였습니다. 따라서 차가 갑자기 멈추어도 충격이 없기 때문에 몸이 흔들리지 않는다는 설명은 알맞지 않습니다.

5 사고가 났을 때 안전띠를 매지 않은 사람이 안전띠를 맨 사람과 부딪쳐 다칠 수 있기 때문에, 차 안에 있는 모든 사람이 위험해집니다. 따라서 안전띠는 차의 어느 자리에 앉든지 모두가 반드시 매야 합니다.

6 안전띠를 올바르게 매기 위해서는 안전띠를 어깨와 골반 뼈가 지나가는 곳에 위치하도록 하며, 걸쇠가 제대로 잠겼는지 확인하고, 평평하게 펴서 매야 한다고 하였습니다.

재미있는 **어휘 놀이터**

◇ 보기를 보고, 다음 문장에 어울리는 말을 골라 ○표 하세요.

보기　•매다: 끈이나 줄 따위를 몸에 두르거나 감아 잘 풀어지지 않게 마디를 만들다.
　　　•메다: 어깨에 걸치거나 올려놓다.

안전띠를 (매다 / 메다).

가방을 (매다 / 메다).

쌀가마를 어깨에 (매다 / 메다).

허리띠를 (매다 / 메다).

---

1 (1) 사람 (2) 보라색 (3) 잔

2 ⑤　　　**3** ③

4 ①, ④　　　**5** ⑤

6 □ □
　 X □

7 분리배출

---

1 만화의 그림은 보기에 따라 남자아이의 말처럼 마주 보는 사람으로 보이기도 하고, 여자아이의 말처럼 잔으로 보이기도 합니다. 이처럼 같은 그림을 보았지만 서로 다르게 생각했기 때문에 남자아이와 여자아이의 의견이 다른 것입니다.

3 '분리배출'이란 쓰레기를 종류별로 나누어 버리는 것으로, 재활용이 가능한 분리배출 목록으로는 종이, 종이 팩, 유리, 금속 캔, 페트병, 플라스틱 등이 있다고 하였습니다.

4 우유갑은 일반 종이와 달리 종이 팩으로 구별해 버려야 한다고 했습니다. 만약 우유갑이 일반 종이와 같이 버려질 경우에는 재활용되는 과정에서 더 많은 시간이 걸리며, 재활용이 불가능해질 수도 있기 때문입니다.

5 음식물 쓰레기는 동물의 사료로 사용할 수 있는 것으로, 채소의 뿌리, 과일의 씨, 닭 뼈, 생선 가시, 달걀 껍데기 등은 일반 쓰레기입니다.

재미있는 **어휘 놀이터**

◇ 사다리를 타고 내려가 빈칸에 들어갈 분리배출과 관련된 말을 확인해 보세요.

종이와 종이 팩을 [ ]　남아 있는 내용물을 [ ]　물로 안을 깨끗이 [ ]　페트병을 [ ]

비우다　헹구다　구별하다　찌그러트리다

1 마을

2 (1) ⓛ (2) ㉠ (3) ㉢

3 ⑤

4 ⑤

5 ☐ ☐ ○

6 도윤

7 멋있는

1 숲속에 사는 동물들(기린, 말, 독수리)이 모여 누가 마을을 지켜야 할지 의논하였습니다.

2 동물들은 자신이 마을을 지켜야 하는 까닭을 말하며 의견을 이야기하고 있습니다. (1)의 말은 자신은 달리기를 잘하기 때문에 위험한 일이 생기면 언제든지 빨리 알려 줄 수 있기 때문에(ⓛ), (2)의 기린은 자신은 목이 길어서 멀리 볼 수 있기 때문에(㉠), (3)의 독수리는 자신이 하늘을 날 수 있어서 멀리 있는 것도 잘 보고, 소식을 빨리 알려 줄 수도 있기 때문에(㉢) 각각 자신이 마을을 지켜야 한다고 하였습니다.

3 이 글에서 '멋있는 사람'이 되기 위해서는 자기의 부족한 부분이나 아쉬운 부분만 생각하여 자신을 소중하게 생각하지 않으면 안 되며 자기 자신을 사랑해야 한다고 하였습니다.

4 텔레비전에 나오는 연예인들의 겉모습을 따라 하고 그들과 똑같은 옷을 입거나 똑같은 머리 모양을 하는 것은 단지 흉내 내기에 지나지 않는다고 하였습니다. 따라서 ㉠의 까닭으로 가장 알맞은 것은 ⑤입니다.

5 지훈이는 다른 사람을 흉내 내었고, 솔이는 자기 자신을 사랑하지 못하는 모습을 보이고 있습니다. 반면 채영이는 태권도에 소질이 있는 자신의 장점을 계속해서 키워 나가는 모습을 보이고 있습니다. 따라서 이 글에서 말한 '멋있는 사람'에 해당하는 친구는 채영이입니다.

6 글쓴이는 멋있는 사람이 되기 위해서는 나 자신을 사랑하고, 나의 좋은 점을 잘 키워 나가며, 유행에 휩쓸리지 않고 자신에게 어울리는 모습을 스스로 만들어 나가야 한다는 의견을 이야기하고 있습니다.

재미있는 **어휘 놀이터**

◎ 다음 그림을 보고, 빈칸에 들어갈 알맞은 말을 골라 ○표 하세요.

유준이는 명랑하고 ( ).
어둡다　　활기차다

선빈이는 조용하고 ( ).
시끄럽다　　차분하다

꼬마 왕자는 겁이 많고 ( ).
당당하다　　소심하다

우리 아빠는 너그럽고 ( ).
냉정하다　　자상하다

'명랑하다'는 '유쾌하고 활발하다.'라는 뜻이므로, 빈칸에는 '힘이 넘치고 생기가 가득하다.'라는 뜻의 '활기차다'가 들어가는 것이 알맞습니다. '조용하다'는 '말이나 행동, 성격 따위가 수선스럽지 않고 매우 얌전하다.'라는 뜻이므로, 빈칸에는 '마음이 가라앉아 조용하다.'라는 뜻의 '차분하다'가 들어가는 것이 알맞습니다. '겁'은 무서워하는 마음이나 그런 심리적 경향을 이르는 말이므로, 빈칸에는 '남 앞에 내세울 만큼 모습이나 태도가 떳떳하다.'라는 뜻의 '당당하다'보다는 '대담하지 못하고 조심성이 지나치게 많다.'라는 뜻의 '소심하다'가 들어가는 것이 알맞습니다. '너그럽다'는 '마음이 넓고 아량이 있다.'라는 뜻이므로, 빈칸에는 '인정이 넘치고 정성이 지극하다.'라는 뜻의 '자상하다'가 들어가는 것이 알맞습니다.

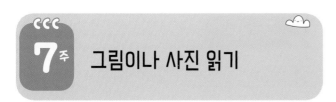

1 ✌ ③　　　✌ (○), (　)

2 ✌ ⑤　　　✌ 미래

1

✌ 이 그림은 아기의 첫 번째 생일에 돌잔치를 하는 모습으로, 여러 사람이 손뼉을 치며 축하하고 있습니다. 또한 현수막에 쓰인 글을 통해, 아이의 이름이 '원영'임을 알 수 있습니다.

2

✌ 보기를 통해 화살표 왼쪽의 그림들은 공기 오염의 원인이고 화살표 오른쪽의 그림들은 공기 오염을 줄일 수 있는 방법임을 알 수 있습니다. 자동차의 생산 과정은 제시된 글과 그림을 통해 알 수 있는 내용이 아닙니다.

재미있는 **어휘 놀이터**

◎ 다음 그림과 낱말의 뜻을 보고, 환경 오염과 관련 있는 말을 따라 쓰세요.

첫째, 자동차에서 내뿜는 매 연
└ 연료가 탈 때 나오는, 그을음이 섞인 연기

둘째, 공장에서 나오는 폐 수
└ 공장 등에서 쓰고 난 뒤에 버리는 물

셋째, 마구잡이로 이루어지는 벌 목
└ 숲에 있는 나무를 베는 일

넷째, 지나친 일 회 용 품 사용
└ 한 번만 쓰고 버리도록 되어 있는 물건

1 ☐○ ☐○ ☒X　　　**2** (1) ○

3 ⑤

4 (1) 구름 (2) 바람 (3) 비 (4) 천둥

5 ㉡　　　**6** 은서

7 ☐ ☐○　　　**8** 사물놀이

1 그림과 글을 통해 민들레는 4~5월에 노란색 꽃을 피우며, 꽃이 시들고 난 후 갓털이 달린 씨앗이 열린다는 것을 알 수 있습니다. 씨앗은 둥글게 부푼 후 굳어져서 땅으로 떨어지는 것이 아니라, 바람을 타고 흩어져 날아가 다른 곳에서 꽃으로 자라난다고 했습니다.

3 사물놀이에서 지휘자의 역할을 하며 공연을 이끌어 가는 악기는 꽹과리입니다.

5 그림과 글을 통해 몸통을 사이에 두고 양쪽 면을 줄로 연결하여 고정하였으며 채와 손바닥으로 쳐서 소리를 내고, 모래시계의 모양과 닮은 악기는 ㉡ '장구'임을 알 수 있습니다.

6 그림을 통해, 사물놀이 연주에 쓰이는 악기는 채로 두드리거나 손으로 쳐서 소리를 낸다는 것을 알 수 있습니다.

재미있는 **어휘 놀이터**

◎ 사다리를 타고 내려가 우리나라 전통 악기의 이름을 확인해 보세요.

태평소　　　박　　　가야금　　　해금

1 지나　　　**2** ④

3 달걀의 할인된 가격, 우유 1개의 값

4 ( ), ( ), ( ), (X)

5 ⑤　　　**6** □ ○

7 할인

1 '미래 피아노 학원'의 현수막에 피아노 그림이 그려져 있긴 하지만, 왼쪽을 보면 '피아노, 리코더 등 다양한 악기와 음악의 기초를 가르칩니다.'라고 쓰여 있으므로, 피아노만 배울 수 있다는 지나의 말은 알맞지 않습니다.

3 이 광고 전단을 통해 라면을 산 사람의 수, 고기의 신선한 정도, 가장 인기가 많은 색연필의 색은 알 수 없습니다.

5 ⑤ '싱싱 마트에서 할인하는 물건의 종류'는 광고 전단에서 소개하고 있으므로 더 알아야 할 내용으로 알맞지 않습니다. 싱싱 마트를 모르는 사람이 물건을 사러 가기 위해서는 싱싱 마트의 위치, 쉬는 날, 영업시간, 할인 기간 등을 더 알면 도움이 될 것입니다.

6 주스는 원래 3,500원이었으나, 할인하여 2,500원에 살 수 있습니다. 원래 8,000원이었던 것은 고기입니다.

1 (2) ○　　　**2** 지식과 마음

3 ②　　　**4** ③

5 ②　　　**6** ①

7 ③　　　**8** 절약해야

2 아이가 책을 머리 위에 올려놓고 키를 재고 있는 모습의 사진과 '오늘 한 권 더 성장했습니다.'라는 문구를 통해 책을 읽는 것과 아이가 자라는 것을 관련지을 수 있습니다. 이 광고에 담긴 뜻은 책을 읽으면 그만큼 아이의 지식과 마음이 자라난다는 것입니다.

4 이 광고는 끊어 쓸 수 있는 휴지의 특성을 빌려 와서 물도 끊어 쓰며 절약해야 한다는 의미를 전달하고 있습니다.

6 휴지를 끊어 쓰듯이 물을 끊어서 써야 한다는 말은 물을 아껴 써야 한다는 말입니다. 따라서 "끊어 쓰지 않으면 언젠가는 끊어집니다!"라는 말은 물을 아껴 쓰지 않으면 물을 다 써서 물이 없어진다는 뜻으로 해석할 수 있습니다.

7 광고에서는 말하고 싶은 내용을 더 잘 전달하기 위해서 글과 그림 등을 함께 활용합니다.

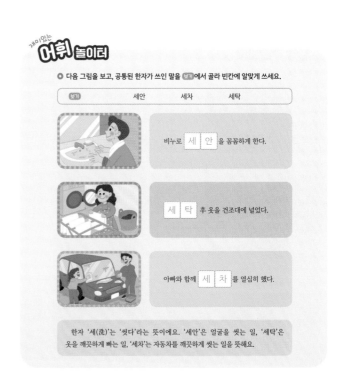

1 ( ), (○), ( ) 2 ②

3 (○), ( ), ( ) 4 ②

5 ⑤ 6 윤주

7 일하는

2 1 ~ 3 에서 경훈이는 집안 형편이 좋지 않아 할머니 댁에 가게 되었다는 것을 알 수 있습니다. 또한 4 에서 경훈이는 시무룩한 표정을 짓고 있습니다. 이를 통해, 경훈이가 속상한 마음일 것임을 추측할 수 있습니다.

3 1 에서 아버지는 아들들이 빈둥대기만 하고 일하는 것을 싫어한다며 걱정하고 있으며, 그림에서도 아들들은 누워만 있습니다. 이를 통해 세 아들의 성격이 게으르다는 것을 알 수 있습니다.

4 아무리 땅을 파도 금덩이를 찾을 수 없었으므로, 실망한 마음을 표현하기 위해서는 작고 힘없는 목소리로 읽는 것이 가장 잘 어울립니다.

6 7 에서 세 아들은 탐스럽게 열린 포도를 보며 열심히 일하는 것이 진정한 금덩이라는 사실을 깨달았습니다. 따라서 앞으로 더 열심히 농사를 지으며 살 것이라는 윤주의 말이 8 에 이어질 내용으로 가장 알맞습니다.

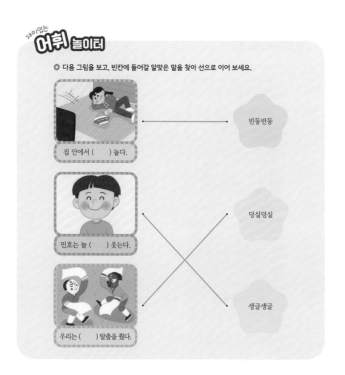

8주 주제 알기

🌰 배려하는

❶ ✌ ② ✌ 감사

✌ (1) ○

❷ ✌ 여기지 않지만, 여긴다

✌ ①

❶

✌ 은경이는 선생님께 감사 인사를 드리려고 편지를 썼습니다.

❷

✌ 글쓴이는 백 원짜리 동전이 보잘것없어 보이지만, 모이면 할 수 있는 일이 많다며 작은 것도 소중히 여기는 마음을 가지자고 이야기하고 있습니다.

19

1 ② **2** 욕심

3 ③ **4** (○), (   )

5 (   ), (○), (   ) **6** 재현

7 ⑤ **8** 이빨과 발톱

2 농부는 모가 빨리 자라기를 바라고 있습니다. 그러나 욕심을 내서 모를 잡아당기는 바람에 모가 다 쓰러져서, 결국 농사를 망치고 말았습니다. 따라서 이 만화의 주제로 알맞은 것은 '지나친 욕심을 부리지 말자.'입니다.

3 나무꾼의 딸을 사랑한 사자는 나무꾼의 딸과 결혼하고 싶은 마음에 나무꾼을 찾아갔습니다.

4 나무꾼은 사자가 찾아와서 딸과 결혼하고 싶다고 하자, 하는 수 없이 날카로운 이빨과 발톱을 가진 사자에게는 딸을 시집보낼 수 없다고 말하였습니다. 따라서 ㉠에서는 나무꾼이 딸을 사자에게 시집보내고 싶지 않은 마음이 드러남을 알 수 있습니다.

5 나무꾼은 사자의 날카로운 이빨과 발톱 때문에 자신의 딸을 사자에게 시집보낼 수 없다고 하였는데, 이 말을 들은 사자는 당장 이빨과 발톱을 모두 뽑아 버렸습니다. 따라서 나무꾼의 말을 들은 사자는 이빨과 발톱을 모두 뽑아 버린 모습일 것입니다.

재미있는 **어휘 놀이터**

❖ 밑줄 친 '뽑다'의 뜻으로 알맞은 것을 찾아 선으로 잇고, 아래의 낱말을 따라 쓰세요.

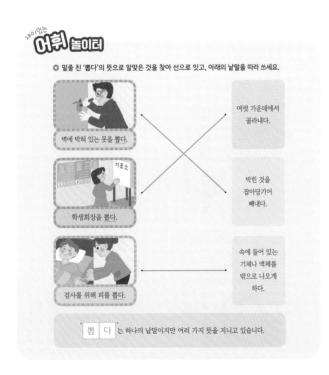

뽑 다 는 하나의 낱말이지만 여러 가지 뜻을 지니고 있습니다.

---

1 말 **2** ⑤

3 ① **4** ⑤

5 (○), (   ) **6** 5 - 3 - 4 - 2 - 1

7 신중 **8** 신중

2 혀는 '말'을 상징하는 것이므로, 이 글의 주제는 항상 말을 조심하라는 것입니다. '낮말은 새가 듣고 밤말은 쥐가 듣는다'라는 속담 역시 말을 조심하라는 뜻을 담고 있습니다.

3 선생님은 서경덕을 불러 선반 위에 있는 책을 내려서 가지고 오라고 하였습니다. ②의 그릇은 선생님이 일부러 책 위에 올려놓았던 것입니다.

4 신중한 성격의 서경덕은 책 위에 무언가 더 놓여 있는 것은 없는지 살펴보기 위해 회초리를 가지고 들어와 책 위를 쓸어 본 것입니다.

7 서경덕은 신중하게 행동한 덕분에 그릇을 깨지 않고 책을 내릴 수 있었습니다. 이러한 서경덕의 행동과, 선생님의 '앞으로도 지금처럼 신중하게 행동한다면 실수가 없을 것이다.'라는 말을 통하여 이 글의 주제를 알 수 있습니다.

재미있는 **어휘 놀이터**

❖ 다음 그림을 보고, 빈칸에 들어갈 알맞은 말을 골라 ○표 하세요.

1 황소

2 ①

3 ⑤

4 ⑤

5 (○), ( ), ( )

6 ④

7 고운

1 3 - 2 - 1

2 (2) ○

3 ④

4 ②

5 (해), (달)

6 ⑤

7 존중

---

1 엄마 개구리는 자식들이 황소를 보고 정말 멋지다고 하며 우리는 왜 저렇게 될 수 없냐고 묻자, 몸을 크게 부풀려서 황소보다 더 커 보이려고 했습니다.

2 엄마 개구리는 자기의 모습에 만족하지 않고 무리하게 몸을 부풀다가 그만 하늘로 날아가 버렸습니다. 따라서 이 글의 주제는 다른 사람을 부러워하지 말고 자신의 모습 그대로를 사랑하는 마음을 가져야 한다는 것입니다.

6 메아리는 아이가 말한 대로 똑같이 돌아옵니다. 그러므로 이와 가장 어울리는 속담은 '가는 말이 고와야 오는 말이 곱다'입니다. ①의 '공든 탑이 무너지랴'는 힘과 정성을 다하여 한 일은 그 결과가 헛되지 아니한다는 뜻, ②의 '우물에 가 숭늉 찾는다'는 성급하게 덤비지 말라는 뜻, ③의 '돌다리도 두들겨 보고 건너라'는 잘 아는 일이라도 주의를 하라는 뜻, ⑤의 '구슬이 서 말이라도 꿰어야 보배라'는 아무리 좋은 것이라도 다듬고 정리하여 쓸모 있게 만들어 놓아야 값어치가 있다는 뜻입니다.

2 사냥꾼이 처음 왔을 때 원숭이들이 나중을 생각하며 대비를 했다면 원숭이들은 살아남을 수 있었을 것입니다. 하지만 원숭이들은 미래의 일을 생각하지 않아 모두 잡혀갔습니다.

3 해와 달은 서로에게 자신이 본 사람들이 사는 마을의 이야기를 들려주었습니다.

4 해는 낮의 모습만을 보았기 때문에, 사람들이 항상 열심히 일하고 초록색 나뭇잎이 예쁘다고 말하였습니다. 반면 달은 밤의 모습만을 보았기 때문에, 나뭇잎은 은빛으로 빛나며 사람들은 늘 잠들어 있다고 말하였습니다. 즉, 서로 본 세상의 모습이 달랐기 때문에 서로의 말을 이해할 수 없었던 것입니다.

6 해와 달의 말을 모두 들은 구름 할아버지는 내 생각만 옳다고 고집하면 실수를 할 수도 있으니 다른 사람의 생각도 존중해야 한다는 말을 하고 싶었을 것입니다.

메모

메모

◉ 하루 한장 독해 2단계 제재 출처

일차	제재명	지은이	출처
2주 3일 – 1쪽	장생초	최인학	『백두산 설화』, 밀알, 1994.
2주 4일 – 1쪽	할아버지의 약속	손정원	『할아버지의 약속』, ㈜느림보, 2005.
3주 3일 – 1쪽	토끼의 재판	방정환	『어린이』 제1권 10호, 1923.
3주 4일 – 2쪽	넌 멋쟁이야	이성자	『넌 멋쟁이야』, 한국비젼북, 2006.
4주 4일 – 2쪽	게가 되고 싶은 새우	조장희	『아기 개미와 꽃씨』, 푸른책들, 2000.
5주 1일 – 3쪽	귀뚜라미	최승호	『최승호 시인의 말놀이 동시집 1』, ㈜비룡소, 2005.
5주 2일 – 2쪽	오랑께롱 간께롱	편해문	『께롱께롱 놀이 노래』, ㈜도서출판 보리, 2008.
5주 3일 – 1쪽	도토리	유성윤	『어린이 낭독 시집 1』, 예림당, 1992.
7주 4일 – 1쪽	성장		한국방송광고진흥공사, 2014.
7주 4일 – 2쪽	물도 끊어 쓰세요		한국방송광고진흥공사, 2009.

하루의 학습이 끝날 때마다
붙임딱지를 골라 붙여 사탕 주머니를 꾸며 보세요.

매일매일 학습이 완료되면
사탕 주머니를 채워 봐!

하루 한장 독해
사탕 주머니 꾸미기

독해 실력을 키울 때마다 달콤하게 채워지는

_____ 의 사탕 주머니

↑ 이름을 쓰세요.

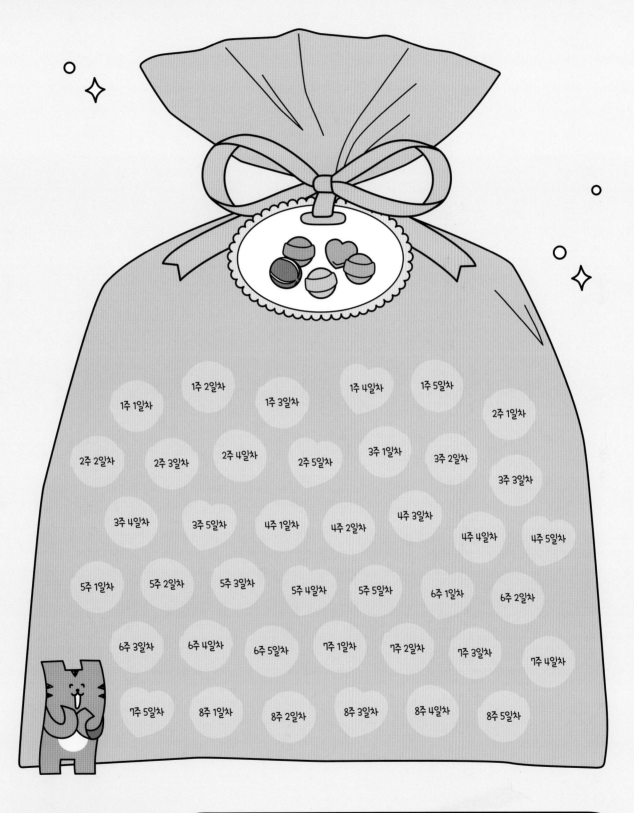

1주 1일차
1주 2일차
1주 3일차
1주 4일차
1주 5일차
2주 1일차

2주 2일차
2주 3일차
2주 4일차
2주 5일차
3주 1일차
3주 2일차
3주 3일차

3주 4일차
3주 5일차
4주 1일차
4주 2일차
4주 3일차
4주 4일차
4주 5일차

5주 1일차
5주 2일차
5주 3일차
5주 4일차
5주 5일차
6주 1일차
6주 2일차

6주 3일차
6주 4일차
6주 5일차
7주 1일차
7주 2일차
7주 3일차
7주 4일차

7주 5일차
8주 1일차
8주 2일차
8주 3일차
8주 4일차
8주 5일차

사탕 주머니를 다 채웠을 때
부모님과의 약속♥

하루 한장 독해+

이럴 때 추천해요!

누가?	하루 한장 독해를 다 풀고 독해의 기본기를 다진 학생
언제?	고난도 지문과 문제로 독해 집중 훈련을 하고 싶을 때

교재 미리 보기

* 1~6단계로 구성되어 있으며, 순차적으로
　개발될 예정입니다.

지문을 3단계로 완전 분석하여 독해의 실전 감각을 키워 보세요!

지문을 완전히 파악할 수 있어야 진짜 문해력을 키웠다고 할 수 있습니다.
하루 한장 독해+의 **지문 분석 3단계**를 거쳐 지문 분석 능력을 완벽하게 길러 보세요!

1단계	2단계	3단계	
어렵고 긴 지문 제시	핵심어 파악하여 지문의 흐름 잡기	지문 구조도 문제로 지문 완벽 분석하기	해설에서 지문의 문장 쪼개 보기

엄선된 7문항을 풀며 다양한 유형의 문제 해결 능력을 키워 보세요!

다양한 영역의 제재에서 다룬 심화 문제도 풀 수 있어야 진짜 문제 해결력을 키웠다고 할 수 있습니다.
하루 한장 독해+의 엄선된 7문항을 풀며 문제 해결 능력을 완벽하게 길러 보세요!

구성 한눈에 보기

"하루 한장 독해"로 기본 문해력을 다지고,
새롭게 출간된 "하루 한장 독해⁺" 6단계로 실전 문해력을 높이세요.

독해

교과 학습 단계에 맞추어
체계적으로 실력을 키워
독해의 자신감을 길러요.

1단계(1~2학년)	
1주차	누가 무엇을 했는지 알기
2주차	상황 파악하기
3주차	인물의 마음 파악하기
4주차	소개하는 대상 알기
5주차	시간과 장소 파악하기
6주차	글쓴이의 생각 알기
7주차	인물의 모습과 행동 상상하기
8주차	경험 떠올리기

2단계(1~2학년)	
1주차	중요한 내용 파악하기
2주차	어떤 일이 일어났는지 알기
3주차	등장인물의 성격 파악하기
4주차	일이 일어난 순서 파악하기
5주차	말의 재미 알기
6주차	글쓴이의 의견과 까닭 파악하기
7주차	그림이나 사진 읽기
8주차	주제 알기

3단계(3~4학년)	
1주차	중심 문장과 뒷받침 문장 알기
2주차	글쓴이의 마음 짐작하기
3주차	원인과 결과 파악하기
4주차	인물의 특성 파악하기
5주차	제목 파악하기
6주차	설명하는 대상의 특징 알기
7주차	내용 간추리기
8주차	감각적 표현 알기

4단계(3~4학년)	
1주차	사실과 의견 구별하기
2주차	의견의 적절성 판단하기
3주차	일의 순서 파악하며 읽기
4주차	이야기의 흐름 파악하기
5주차	매체 자료의 신뢰성 파악하기
6주차	글을 쓴 목적 파악하기
7주차	예측하며 읽기
8주차	이어질 내용 짐작하기

5단계(5~6학년)	
1주차	설명하는 방법 파악하기
2주차	글의 구조 파악하기
3주차	인물, 사건, 배경 파악하기
4주차	주장과 이유 찾기
5주차	글 내용 요약하기
6주차	글쓴이의 관점과 의도 파악하기
7주차	비유적 표현 알기
8주차	내용의 타당성 평가하기

6단계(5~6학년)	
1주차	갈래의 특성 알기
2주차	글의 통일성 고려하기
3주차	이유와 근거의 적절성 파악하기
4주차	작가의 의도 파악하기
5주차	생략된 내용 추론하기
6주차	다양한 관점의 글 읽기
7주차	함축적 의미 추론하기
8주차	절차를 고려하여 글 읽기

* 2022 개정 교육과정에 따라 순차적으로 개발될 예정입니다.

재미있는 어휘 놀이터

흉내 내는 말

● 다음 그림을 보고, 흉내 내는 말을 보기 에서 골라 빈칸에 알맞게 쓰세요.

보기   울긋불긋   졸졸   펑펑   파릇파릇

봄에는 새싹이 [ ][ ][ ][ ] 돋아난다.

여름에는 시냇물이 [ ][ ] 흐른다.

가을에는 산에 [ ][ ][ ][ ] 단풍이 든다.

겨울에는 눈이 [ ][ ] 내린다.

🫛 선생님의 말씀 중에서 가장 중요한 내용은 무엇인가요? 알맞은 말을 골라 ○표 하세요.

급식실에서 (예절을 지키자 / 마음껏 뛰어놀자).

 글에는 글쓴이가 말하고 싶은 가장 중요한 내용이 담겨 있어요. 그리고 이를 더 자세히 설명해 주는 내용들이 함께 나오지요. 중요한 내용을 파악하며 글을 읽으면 글쓴이가 전하고자 하는 내용을 알게 되어 글을 정확하게 이해할 수 있어요. 또 기억도 더 잘할 수 있지요. 그럼 이제 글을 읽으며 중요한 내용을 찾아볼까요?

2 다음 글을 읽고, 중요한 내용을 파악해 보세요.

1 다음 글을 읽고, 중요한 내용을 파악해 보세요.

동탁이의 꿈은 훌륭한 기술자가 되는 것입니다. 그 까닭은 자전거 때문입니다. 지난달 동탁이 생일에 아버지께서 자전거를 사 주셨습니다. 동탁이는 자전거를 타다가 실수로 벽에 부딪쳐 손잡이가 망가졌습니다. 혼자 힘으로 고치고 싶었지만 고치지 못했습니다. 그런데 수리를 하는 아저씨가 쉽게 고쳐 주셨습니다.

그래서 동탁이는 앞으로 무엇이든지 척척 잘 고치는 기술자가 되고 싶다고 생각하게 되었습니다.

 💡 설명하려는 대상을 먼저 찾아보세요. 그러면 중요한 내용을 쉽게 파악할 수 있습니다.
이 글은 무엇에 대해 말하고 있나요? 빈칸에 들어갈 알맞은 말을 찾아 쓰세요.

> 동탁이의 ☐

 💡 중요한 내용과 그렇지 않은 내용을 구분하며 글을 읽어 보세요.
이 글에서 가장 중요한 문장을 찾아 ○표 하세요.

(1) 동탁이의 꿈은 훌륭한 기술자가 되는 것입니다. ················· ( )
(2) 그 까닭은 자전거 때문입니다. ····························· ( )
(3) 동탁이 생일에 아버지께서 자전거를 사 주셨습니다. ············· ( )
(4) 실수로 벽에 부딪쳐 손잡이가 망가졌습니다. ················· ( )
(5) 수리를 하는 아저씨가 쉽게 고쳐 주셨습니다. ················ ( )

 글을 읽으며 중요한 내용을 찾는 방법을 바르게 말한 친구의 이름을 쓰세요.

> 선재: 글쓴이가 전달하고자 하는 내용을 중심으로 찾아보아야 해.
> 가인: 길이가 긴 문장은 중요한 내용을 담고 있지 않으므로 읽지 않아도 돼.

( )

우리나라에는 사계절이 있습니다. 봄이 되면 날씨가 따뜻해집니다. 봄에는 새싹이 돋고, 꽃이 피고, 나비가 날아다닙니다. 여름이 되면 날씨가 더워지고 비가 많이 내립니다. 계곡에는 시원한 물이 흐릅니다. 가을에는 날씨가 쌀쌀해지고, 하늘이 높아집니다. 산에는 울긋불긋 단풍이 듭니다. 겨울에는 날씨가 춥고, 눈이 내립니다. 동물들은 겨울잠을 잡니다.

 이 글을 대표할 수 있는 말은 무엇인가요? ( )

① 봄 　　　　② 여름 　　　　③ 가을
④ 겨울 　　　　⑤ 우리나라의 사계절

 산에 울긋불긋 단풍이 드는 계절은 언제인지 이 글에서 찾아 쓰세요.

☐☐

💡 글에서 중요한 내용을 찾기 위해서는 글쓴이가 글에서 하고 싶은 말이 무엇인지 생각해 보아야 합니다.
이 글에서 가장 중요한 문장은 무엇인가요? ( )

① 우리나라에는 사계절이 있습니다.
② 봄이 되면 날씨가 따뜻해집니다.
③ 여름이 되면 날씨가 더워지고 비가 많이 내립니다.
④ 가을에는 날씨가 쌀쌀해지고, 하늘이 높아집니다.
⑤ 겨울에는 날씨가 춥고, 눈이 내립니다.

헷갈리기 쉬운 말

○ 다음 그림을 보고, 빈칸에 들어갈 알맞은 말을 골라 ○표 하세요.

나와 형은 생김새가 (　　　).

다르다　　　틀리다

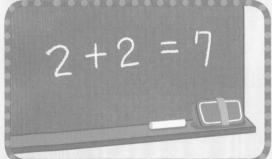

계산을 (　　　).

다르다　　　틀리다

두 사람이 고른 과자가 서로 (　　　).

다르다　　　틀리다

문제를 풀었지만, 정답을 모두 (　　　).

다르다　　　틀리다

중요한 내용 파악하기 ❷

🌳 다음 글을 읽고 물음에 답해 봅시다.

　㉠어제 미래로에서 산책시키다가 잃어버린 강아지를 찾고 있습니다. 태어난 지 세 달밖에 안 된 작은 강아지입니다. 털은 하얗고, 꼬리 끝이 까만색입니다. 귀가 뾰족하고 목에는 방울이 달려 있습니다. 처음 보는 사람에게는 큰 소리로 짖지만, 아는 사람들에게는 금방 꼬리를 흔들며 재롱을 부립니다. ㉡어미 개는 새끼가 돌아오지 않아 사료도 먹지 않고 누워만 있습니다. ㉢우리 강아지를 찾아 주시는 분께는 작은 선물을 드릴 생각입니다.

1 ㉠~㉢ 중 이 글에서 가장 중요한 내용을 찾아 빈칸에 기호를 쓰세요.

2 글쓴이가 찾고 있는 강아지에 대한 설명으로 알맞지 <u>않은</u> 것은 무엇인가요? (　　　)

① 꼬리 끝은 까만색이다.　　　② 목에 방울을 달고 있다.
③ 뾰족한 귀를 가지고 있다.　　④ 털이 하얗고 크기가 작다.
⑤ 처음 보는 사람에게만 꼬리를 흔든다.

3 이 글의 제목으로 알맞은 것에 ○표 하세요.

(1) 강아지를 찾아 주세요 ······························ (　　　)
(2) 강아지를 키우고 싶어요 ···························· (　　　)

🌳 다음 글을 읽고 물음에 답해 봅시다.

사람들은 모두 다른 모양의 지문을 가지고 있습니다. 지문은 사람의 손가락 끝마디 안쪽에 있는 무늬입니다. 쌍둥이로 태어난 사람들도 지문은 서로 다릅니다. 쌍둥이는 부모님께 같은 유전자를 물려받았지만, 어떤 알 수 없는 영향을 받아 지문이 달라지는 것으로 알려져 있습니다. 그러므로 이 세상에서 나와 같은 지문을 가진 사람은 [㉠] 없다고 할 수 있습니다.

지문이 사람마다 다르기 때문에 그 사람이 맞는지 확인하기 위한 방법으로 지문을 검사하기도 합니다. 요즘에는 휴대 전화를 사용하려고 할 때 자신의 지문을 대어 잠금 기능을 풀거나, 지문으로 현관문을 여는 등 많은 분야에 지문이 사용되고 있습니다.

4 이 글의 특징을 바르게 말한 친구의 이름을 쓰세요.

세욱: 이 글은 자신의 의견을 펼치고 있어.
수지: 이 글은 대상을 자세히 설명하고 있어.

(   )

5 이 글의 내용으로 알맞지 <u>않은</u> 것은 무엇인가요? (   )

① 사람들은 모두 지문을 가지고 있다.
② 현관문을 열 때 지문을 사용하기도 한다.
③ 쌍둥이로 태어난 사람들은 같은 모양의 지문을 가진다.
④ 휴대 전화의 잠금 기능을 풀 때 지문을 사용하기도 한다.
⑤ 사람의 손가락 끝마디 안쪽에 있는 무늬를 지문이라고 한다.

6 다음 중 ㉠에 들어갈 수 <u>없는</u> 말에 X표 하세요.

전혀	아무도	한 명도	부모님밖에
☐	☐	☐	☐

7 사람을 확인할 때 지문을 검사하기도 하는 까닭은 무엇인가요? (   )

① 지문이 사람마다 다르기 때문에
② 지문이 없는 사람이 많기 때문에
③ 지문의 모양은 매일 달라지기 때문에
④ 지문을 보면 그 사람의 성격을 알 수 있기 때문에
⑤ 지문으로 사람들이 걸린 병을 알아낼 수 있기 때문에

8 글쓴이가 말하고자 하는 가장 중요한 내용으로 알맞은 것에 ○표 하세요.

(1) 지문은 여러 분야에 사용되고 있다. ····························· (   )
(2) 지문의 모양은 사람마다 모두 다르다. ························· (   )
(3) 쌍둥이는 부모님께 같은 유전자를 물려받는다. ·················· (   )

한 문장
마무리

9 빈칸에 알맞은 말을 써서, 이 글의 내용을 정리해 보세요.

☐☐ 은 사람의 손가락 끝마디 안쪽에 있는 무늬로, 이 세상의 사람들은 모두
☐☐ 모양의 지문을 가지고 있습니다.

중요한 내용 파악하기 ❸

🌳 **다음 글을 읽고 물음에 답해 봅시다.**

가방은 물건을 넣어 들고 다닐 수 있게 만든 것입니다. 오늘날로 오면서 가방은 옛날의 가방에 비해 여러 면에서 변화했습니다. 가방을 만드는 재료나 가방의 종류가 매우 다양해진 것입니다. 오래전에는 오늘날과 같은 형태의 가방이 없어 천으로 된 보자기에 물건을 넣어 둘둘 말아서 들고 다녔지요. 요즘은 동물의 가죽, 천, 비닐, 인조 가죽 등으로 가방을 만듭니다. 또한 여행을 다닐 때 쓰는 트렁크, 등산을 갈 때 쓰는 배낭 등 용도에 따라 사용하는 가방의 종류가 다양합니다.

1 **이 글에서 설명하는 대상은 무엇인가요? (　　　　)**

① 천　　　　　② 가방　　　　　③ 가죽　　　　　④ 비닐　　　　　⑤ 허리띠

2 **이 글의 주요 내용은 무엇인가요? (　　　　)**

① 가방의 변화　　　　　　　　② 가방의 종류와 가격

③ 보자기의 여러 가지 무늬　　④ 물건을 보자기에 싸는 방법

⑤ 가방에 넣을 수 있는 물건의 종류

3 **이 글의 내용으로 알맞은 것에 ○표 하세요.**

요즘은 대부분 가방 대신 천으로 된 보자기를 사용한다.	요즘은 용도에 따라 사용하는 가방의 종류가 다양하다.
(　　　　)	(　　　　)

🌱 **다음 글을 읽고 물음에 답해 봅시다.**

만화나 영화에서 로봇을 본 적이 있나요? 로봇은 사람이 시키는 대로 움직이거나 사람이 할 일을 대신하여 하는 기계를 말합니다.

로봇은 여러 가지 일을 합니다. 도둑이 집에 들어오는지를 감시하는 로봇이 있습니다. 이 로봇은 도둑이 들어오면 먼저 도둑에게 경고를 합니다. 그리고 재빨리 주인에게 도둑이 들어왔음을 알리고 경찰에 신고합니다.

깊은 바닷속에 들어가서 필요한 자원을 캐는 로봇도 있습니다. 이 로봇은 바닷속에서 자유롭게 움직이면서 필요한 자원을 찾습니다.

로봇은 우리 몸속에서 병을 찾아 치료하기도 합니다. 로봇은 크기가 다양해서 어떤 로봇은 동전보다도 작습니다. 그래서 우리가 로봇을 알약처럼 삼키면 로봇이 우리 몸속에 들어가 아픈 곳을 치료해 줍니다.

4 이 글에서 설명하는 대상은 무엇인가요? (   )

① 경찰   ② 동전   ③ 로봇   ④ 만화   ⑤ 영화

5 로봇에 대해 바르게 설명한 것을 두 가지 고르세요. (,   )

① 만화나 영화에서만 등장하는 기계
② 사람이 시키는 대로 움직이는 기계
③ 사람이 할 일을 대신하여 하는 기계
④ 크기가 모두 똑같고 하는 일도 똑같은 기계
⑤ 사람이 조종할 수 없고 스스로 움직이는 기계

6 이 글에 나온 로봇이 하는 일이 <u>아닌</u> 것은 무엇인가요? (   )

① 작은 알약을 만든다.   ② 깊은 바닷속에서 자원을 캔다.
③ 도둑이 들어오면 경찰에 신고한다.   ④ 우리 몸속에서 병을 찾아 치료한다.
⑤ 도둑이 집에 들어오는지를 감시한다.

7 다음 물음 에 바르게 답한 친구에게 ○표 하세요.

> 물음   로봇은 어떻게 우리 몸속에 들어갈 수 있나요?

누리: 크기가 아주 작은 로봇이 있기 때문에, 우리가 로봇을 알약처럼 삼키면 로봇이 우리 몸속에 들어갈 수 있어요.

(   )

현경: 로봇은 사람이 시키지 않아도 알아서 일하는 기계이기 때문에, 로봇은 해야 할 일이 있으면 언제든 우리 몸속에 들어갈 수 있어요.

(   )

8 이 글에서 가장 중요한 내용으로 알맞은 것에 ○표 하세요.

(1) 로봇은 크기가 다양합니다. ·································· (   )
(2) 로봇은 여러 가지 일을 합니다. ······························ (   )
(3) 로봇은 만화나 영화에서 볼 수 있습니다. ···················· (   )

한 문장
마무리

9 빈칸에 알맞은 말을 써서, 이 글의 내용을 정리해 보세요.

☐☐ 은 여러 가지 ☐ 을 합니다.

뜻이 반대되는 말

○ 다음 그림을 보고, 밑줄 친 말과 뜻이 반대되는 말을 찾아 선으로 이어 보세요.

바닷속이 <u>깊다</u>.

·

·

뱉다

방에 <u>들어가다</u>.

·

·

얕다

약을 꿀꺽 <u>삼키다</u>.

·

·

나오다

중요한 내용 파악하기 ①

선생님의 말씀 중에서 가장 중요한 내용은 무엇인가요? 알맞은 말을 골라 ○표 하세요.

급식을 받을 때는 한 줄로 서서 차례차례 받아요. 장난을 치거나 새치기를 해서는 안 돼요.

급식을 먹을 때는 음식을 입안에 넣은 상태로 말하지 않으며, 골고루 꼭꼭 씹어 먹어요.

급식을 다 먹은 후에는 자리를 깨끗하게 정리해요. 자신이 먹은 급식판을 남기고 가면 안 돼요.

이처럼 급식실에서는 예절을 지켜야 해요. 지금 말한 세 가지 약속 꼭 지켜 줄 수 있죠?

급식실에서 (예절을 지키자 / 마음껏 뛰어놀자).

글에는 글쓴이가 말하고 싶은 가장 중요한 내용이 담겨 있어요. 그리고 이를 더 자세히 설명해 주는 내용들이 함께 나오지요. 중요한 내용을 파악하며 글을 읽으면 글쓴이가 전하고자 하는 내용을 알게 되어 글을 정확하게 이해할 수 있어요. 또 기억도 더 잘할 수 있지요. 그럼 이제 글을 읽으며 중요한 내용을 찾아볼까요?

1 다음 글을 읽고, 중요한 내용을 파악해 보세요.

동탁이의 꿈은 훌륭한 기술자가 되는 것입니다. 그 까닭은 자전거 때문입니다.

지난달 동탁이 생일에 아버지께서 자전거를 사 주셨습니다. 동탁이는 자전거를 타다가 실수로 벽에 부딪쳐 손잡이가 망가졌습니다. 혼자 힘으로 고치고 싶었지만 고치지 못했습니다. 그런데 수리를 하는 아저씨가 쉽게 고쳐 주셨습니다.

그래서 동탁이는 앞으로 무엇이든지 척척 잘 고치는 기술자가 되고 싶다고 생각하게 되었습니다.

💡 설명하려는 대상을 먼저 찾아보세요. 그러면 중요한 내용을 쉽게 파악할 수 있습니다.

 이 글은 무엇에 대해 말하고 있나요? 빈칸에 들어갈 알맞은 말을 찾아 쓰세요.

동탁이의 ☐

💡 중요한 내용과 그렇지 않은 내용을 구분하며 글을 읽어 보세요.

이 글에서 가장 중요한 문장을 찾아 ○표 하세요.

(1) 동탁이의 꿈은 훌륭한 기술자가 되는 것입니다. ·················· ( )
(2) 그 까닭은 자전거 때문입니다. ························· ( )
(3) 동탁이 생일에 아버지께서 자전거를 사 주셨습니다. ············· ( )
(4) 실수로 벽에 부딪쳐 손잡이가 망가졌습니다. ················· ( )
(5) 수리를 하는 아저씨가 쉽게 고쳐 주셨습니다. ················· ( )

 글을 읽으며 중요한 내용을 찾는 방법을 바르게 말한 친구의 이름을 쓰세요.

선재: 글쓴이가 전달하고자 하는 내용을 중심으로 찾아보아야 해.
가인: 길이가 긴 문장은 중요한 내용을 담고 있지 않으므로 읽지 않아도 돼.

( )

중요한 내용 파악하기 ❷

🌳 다음 글을 읽고 물음에 답해 봅시다.

ⓐ어제 미래로에서 산책시키다가 잃어버린 강아지를 찾고 있습니다. 태어난 지 세 달밖에 안 된 작은 강아지입니다. 털은 하얗고, 꼬리 끝이 까만색입니다. 귀가 뾰족하고 목에는 방울이 달려 있습니다. 처음 보는 사람에게는 큰 소리로 짖지만, 아는 사람들에게는 금방 꼬리를 흔들며 재롱을 부립니다. ⓑ어미 개는 새끼가 돌아오지 않아 사료도 먹지 않고 누워만 있습니다. ⓒ우리 강아지를 찾아 주시는 분께는 작은 선물을 드릴 생각입니다.

1 ⓐ~ⓒ 중 이 글에서 가장 중요한 내용을 찾아 빈칸에 기호를 쓰세요.

2 글쓴이가 찾고 있는 강아지에 대한 설명으로 알맞지 <u>않은</u> 것은 무엇인가요? (   )

① 꼬리 끝은 까만색이다.　　　② 목에 방울을 달고 있다.
③ 뾰족한 귀를 가지고 있다.　　④ 털이 하얗고 크기가 작다.
⑤ 처음 보는 사람에게만 꼬리를 흔든다.

3 이 글의 제목으로 알맞은 것에 ○표 하세요.

(1) 강아지를 찾아 주세요 ······································· (   )
(2) 강아지를 키우고 싶어요 ······································· (   )

🌳 **다음 글을 읽고 물음에 답해 봅시다.**

사람들은 모두 다른 모양의 지문을 가지고 있습니다. 지문은 사람의 손가락 끝마디 안쪽에 있는 무늬입니다. 쌍둥이로 태어난 사람들도 지문은 서로 다릅니다. 쌍둥이는 부모님께 같은 유전자를 물려받았지만, 어떤 알 수 없는 영향을 받아 지문이 달라지는 것으로 알려져 있습니다. 그러므로 이 세상에서 나와 같은 지문을 가진 사람은 [㉠] 없다고 할 수 있습니다.

지문이 사람마다 다르기 때문에 그 사람이 맞는지 확인하기 위한 방법으로 지문을 검사하기도 합니다. 요즘에는 휴대 전화를 사용하려고 할 때 자신의 지문을 대어 잠금 기능을 풀거나, 지문으로 현관문을 여는 등 많은 분야에 지문이 사용되고 있습니다.

4 이 글의 특징을 바르게 말한 친구의 이름을 쓰세요.

> 세욱: 이 글은 자신의 의견을 펼치고 있어.
> 수지: 이 글은 대상을 자세히 설명하고 있어.

(   )

5 이 글의 내용으로 알맞지 <u>않은</u> 것은 무엇인가요? (   )

① 사람들은 모두 지문을 가지고 있다.
② 현관문을 열 때 지문을 사용하기도 한다.
③ 쌍둥이로 태어난 사람들은 같은 모양의 지문을 가진다.
④ 휴대 전화의 잠금 기능을 풀 때 지문을 사용하기도 한다.
⑤ 사람의 손가락 끝마디 안쪽에 있는 무늬를 지문이라고 한다.

6 다음 중 ㉠에 들어갈 수 <u>없는</u> 말에 X표 하세요.

전혀	아무도	한 명도	부모님밖에
☐	☐	☐	☐

7 사람을 확인할 때 지문을 검사하기도 하는 까닭은 무엇인가요? (   )

① 지문이 사람마다 다르기 때문에

② 지문이 없는 사람이 많기 때문에

③ 지문의 모양은 매일 달라지기 때문에

④ 지문을 보면 그 사람의 성격을 알 수 있기 때문에

⑤ 지문으로 사람들이 걸린 병을 알아낼 수 있기 때문에

8 글쓴이가 말하고자 하는 가장 중요한 내용으로 알맞은 것에 ○표 하세요.

(1) 지문은 여러 분야에 사용되고 있다. · (   )

(2) 지문의 모양은 사람마다 모두 다르다. · (   )

(3) 쌍둥이는 부모님께 같은 유전자를 물려받는다. · (   )

한 문장 마무리

9 빈칸에 알맞은 말을 써서, 이 글의 내용을 정리해 보세요.

> ☐☐ 은 사람의 손가락 끝마디 안쪽에 있는 무늬로, 이 세상의 사람들은 모두
>
> ☐☐ 모양의 지문을 가지고 있습니다.

헷갈리기 쉬운 말

◎ 다음 그림을 보고, 빈칸에 들어갈 알맞은 말을 골라 ○표 하세요.

나와 형은 생김새가 (   ).

다르다   틀리다

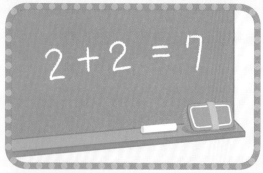

계산을 (   ).

다르다   틀리다

두 사람이 고른 과자가 서로 (   ).

다르다   틀리다

문제를 풀었지만, 정답을 모두 (   ).

다르다   틀리다

2 다음 글을 읽고, 중요한 내용을 파악해 보세요.

우리나라에는 사계절이 있습니다. 봄이 되면 날씨가 따뜻해집니다. 봄에는 새싹이 돋고, 꽃이 피고, 나비가 날아다닙니다. 여름이 되면 날씨가 더워지고 비가 많이 내립니다. 계곡에는 시원한 물이 흐릅니다. 가을에는 날씨가 쌀쌀해지고, 하늘이 높아집니다. 산에는 울긋불긋 단풍이 듭니다. 겨울에는 날씨가 춥고, 눈이 내립니다. 동물들은 겨울잠을 잡니다.

 이 글을 대표할 수 있는 말은 무엇인가요? (   )

① 봄   ② 여름   ③ 가을
④ 겨울   ⑤ 우리나라의 사계절

 산에 울긋불긋 단풍이 드는 계절은 언제인지 이 글에서 찾아 쓰세요.

💡 글에서 중요한 내용을 찾기 위해서는 글쓴이가 글에서 하고 싶은 말이 무엇인지 생각해 보아야 합니다.

 이 글에서 가장 중요한 문장은 무엇인가요? (   )

① 우리나라에는 사계절이 있습니다.
② 봄이 되면 날씨가 따뜻해집니다.
③ 여름이 되면 날씨가 더워지고 비가 많이 내립니다.
④ 가을에는 날씨가 쌀쌀해지고, 하늘이 높아집니다.
⑤ 겨울에는 날씨가 춥고, 눈이 내립니다.

흉내 내는 말

◎ 다음 그림을 보고, 흉내 내는 말을 보기 에서 골라 빈칸에 알맞게 쓰세요.

보기	울긋불긋	졸졸	펑펑	파릇파릇

봄에는 새싹이 ☐☐☐☐ 돋아난다.

여름에는 시냇물이 ☐☐ 흐른다.

가을에는 산에 ☐☐☐☐ 단풍이 든다.

겨울에는 눈이 ☐☐ 내린다.

중요한 내용 파악하기 ❹

🌳 **다음 글을 읽고 물음에 답해 봅시다.**

　몸에서 반짝반짝 빛이 나는 곤충이 있어요. 바로 반딧불이라고 하는 곤충이에요. 반딧불이는 왜 불빛을 내는 것일까요?

　반딧불이는 어두운 밤에 활동하기 때문에 몸에서 나는 빛을 이용해 신호를 보내는 것이 효과적이에요. 불빛을 세게 내거나 약하게 내는 것, 빠르게 깜빡이거나 느리게 깜빡이는 것처럼 다양한 방법으로 서로 생각을 주고받는답니다. 반딧불이들은 이 빛으로 자기와 같은 종의 반딧불이를 알아보고, 짝을 찾기도 해요.

1 이 글에서 설명하는 대상이 무엇인지 빈칸에 쓰세요.

2 이 글에서 글쓴이가 설명하는 내용으로 알맞은 것에 ○표 하세요.

반딧불이가 불빛을 내는 까닭	반딧불이가 소리를 내는 방법	반딧불이가 밤에만 활동하는 까닭
(　　　)	(　　　)	(　　　)

3 반딧불이가 반짝반짝 빛을 내는 까닭으로 알맞은 것에 ○표 하세요.

(1) 서로 생각을 주고받기 위해서 ······························· (　　　)

(2) 자신의 아름다움을 숨기기 위해서 ······················· (　　　)

🌳 다음 글을 읽고 물음에 답해 봅시다.

천연 염색 이야기

우리 조상은 자연에서 색을 얻어 옷감에 물을 들였습니다. 이것을 '천연 염색'이라고 합니다. 천연 염색의 재료는 여러 가지입니다. 우리가 흔히 보는 식물이나 동물도 천연 염색의 재료가 됩니다.

식물 염료로는 치자와 쪽 등이 있습니다. 치자는 노란색의 염료입니다. 치자를 끓이면 노란색 물이 나오는데, 그 물에 천을 담그면 노란색 옷감이 만들어집니다.

초록색 풀인 쪽은 파란색의 염료로 쓰입니다. 초록색 쪽물에 담긴 옷감이 공기와 닿으면 파란색이 됩니다. 그래서 옛날부터 파란색을 낼 때에는 쪽을 즐겨 썼습니다.

동물 염료로는 오징어 먹물과 벌레, 조개 등이 있습니다. 오징어 먹물은 검은색의 염료입니다. 옷감을 오징어 먹물에 넣으면 검은색 옷감을 얻을 수 있습니다. 벌레와 조개는 종류에 따라 여러 가지 색이 나옵니다.

4 이 글의 주요 내용을 두 가지 고르세요. (,   )

① 천연 염색의 뜻   ② 천연 염색의 재료
③ 천연 염색의 가격   ④ 천연 염색에 걸리는 시간
⑤ 천연 염색을 시작한 사람

5 우리 조상이 옷감에 물을 들인 방법으로 알맞은 것은 무엇인가요? (   )

① 외국에서 수입한 염료로 물을 들였다.
② 자연에 있는 식물이나 동물에서 색을 얻었다.
③ 천을 햇볕에 오래 놓아두는 방법으로 색을 얻었다.
④ 시냇물이나 우물물 등 여러 종류의 물에 옷감을 담갔다.
⑤ 들판이나 산에 옷감을 가만히 놓아두고 저절로 물이 들기를 기다렸다.

6 보기 의 천연 염색 재료들을 식물 염료와 동물 염료로 구분해서 빈칸에 쓰세요.

보기	쪽	벌레	조개	치자	오징어 먹물

(1) 식물 염료: (   )

(2) 동물 염료: (   )

7 어린이들이 천연 염색으로 만든 물건을 골랐습니다. 어떤 방법으로 천연 염색을 하였을지 찾아 선으로 이어 보세요.

 ·

 ·

 ·

· 이것은 쪽을 이용하여 염색하였다.

· 이것은 치자를 이용하여 염색하였다.

· 이것은 오징어 먹물을 이용하여 염색하였다.

8 빈칸에 알맞은 말을 써서, 이 글의 내용을 정리해 보세요.

이 글은 [ ][ ] [ ][ ]과 그 재료에 대해 설명하고 있습니다.

천연 염색의 재료

◉ 사다리를 타고 내려가 천연 염색에 쓰이는 재료의 이름과 쓰임을 확인해 보세요.

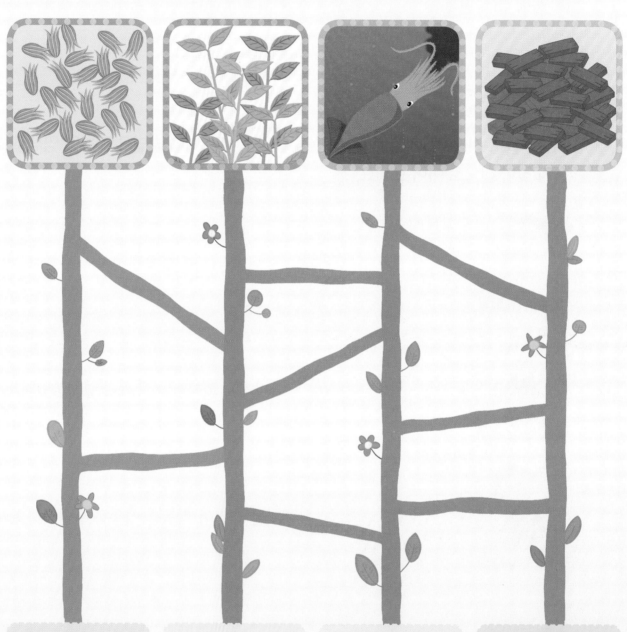

'쪽'은 파란색의 염료입니다.

'치자'는 노란색의 염료입니다.

'소목'은 붉은색의 염료입니다.

'오징어 먹물'은 검은색의 염료입니다.

중요한 내용 파악하기 ❺

🌳 **다음 글을 읽고 물음에 답해 봅시다.**

　옛날에 사람들이 고래를 발견하면 "저기, 고래가 물을 뿜는다!" 하고 소리쳤어. 하지만 사람들은 고래가 왜 물을 뿜는지 알지 못하였단다.

　그렇다면 ㉠고래는 왜 물을 뿜을까? 고래의 숨구멍은 머리 꼭대기에 있어. 그래서 고래는 물속에서 숨을 쉴 수 없기 때문에 숨을 쉬려면 물 위로 올라와야 해. 오랫동안 잠수한 고래가 참고 있던 숨을 한꺼번에 숨구멍으로 뿜어낼 때, 고래의 따뜻한 숨과 차가운 공기가 서로 닿아 뭉치면서 흰 물보라처럼 보여. 마치 고래가 물을 뿜는 것처럼 보이지.

1 이 글의 주요 내용은 무엇인가요? (　　　　)

① 고래의 잠수　　　　② 고래의 종류　　　　③ 고래의 물 뿜기

④ 고래와 사람의 관계　　⑤ 고래가 내쉬는 숨의 온도

2 ㉠에 대한 답을 알맞게 말한 친구에게 〇표 하세요.

연우: 오랫동안 잠수한 고래가 물 위로 올라와 숨구멍으로 숨을 쉴 때의 모습이 마치 물을 뿜는 것처럼 보이는 것이지.	하진: 오랫동안 잠수한 고래가 물속에서 머금고 있던 물을 입으로 한꺼번에 뱉을 때의 모습이 마치 물을 뿜는 것처럼 보이는 것이지.
(　　　　)	(　　　　)

다음 글을 읽고 물음에 답해 봅시다.

이 닦기가 중요한 일이라는 것을 알면서도 이 닦는 방법을 잘 모르는 친구가 많은 것 같아요. 이를 튼튼하게 하기 위해서는 열심히 닦는 것도 중요하지만 바르게 닦는 것도 중요하답니다. 이를 바르게 닦으려면 어떻게 하여야 할까요?

☐ ㉠ ☐ 아침에 눈을 뜨자마자 닦거나, 음식을 먹고 나서 한참 뒤에 닦는 것은 좋은 방법이 아니에요. 음식을 먹은 뒤에 입안에 남아 있는 음식 찌꺼기를 닦아 내는 것이 이 닦기입니다. 단, 오렌지 주스나 탄산음료처럼 산성 음식물을 먹은 후에는 물로 입을 먼저 헹구고, 20~30분 후에 이를 닦는 것이 치아 건강에 좋습니다.

그리고 칫솔과 치약을 잘 선택하여야 합니다. 칫솔의 솔이 너무 뻣뻣하면 잇몸이 상하고, 너무 부드러우면 이가 잘 닦이지 않기 때문이지요. 치약은 이의 표면을 많이 갈아 내지 않는 것이 좋습니다.

이를 닦을 때에는 칫솔질을 바르게 하여야 합니다. 칫솔질을 너무 세게 하거나 약하게 하여도 좋지 않고, 너무 빨리 끝내거나 너무 오래 하는 것도 좋지 않습니다. 칫솔질을 할 때에는 칫솔을 세워서 위아래로 닦아야 하고, 입안 구석구석을 3분 정도 닦는 것이 좋아요. 특히 이의 안쪽과 어금니 쪽을 잘 닦아야 합니다. 혓바닥도 문질러 주는 것이 좋지요.

이제 바른 이 닦기 방법에 대해 자세히 알았죠? 튼튼하고 예쁜 이를 가지고 싶다면 바른 방법으로 이를 닦읍시다.

3 이 글에서 글쓴이가 말하고자 하는 주요 내용은 무엇인가요? (   )

① 이를 튼튼하게 하기 위해서 이를 세게 닦아야 한다.

② 이를 튼튼하게 하기 위해서 바른 방법으로 이를 닦아야 한다.

③ 이를 튼튼하게 하기 위해서 딱딱한 음식을 많이 먹어야 한다.

④ 이를 튼튼하게 하기 위해서 음식을 먹은 다음 물을 많이 마셔야 한다.

⑤ 이를 튼튼하게 하기 위해서 생각이 날 때마다 계속 이를 닦아야 한다.

4 ㉠에 들어갈 문장으로 가장 알맞은 것은 무엇인가요? (   )

① 이는 하루에 한 번만 닦으면 됩니다.

② 이는 매일 같은 시간에 닦아야 합니다.

③ 이는 음식을 먹기 전에 닦아야 합니다.

④ 이는 저녁보다 아침에 닦는 것이 좋습니다.

⑤ 이는 음식을 먹은 뒤에 곧바로 닦아야 합니다.

5 칫솔과 치약을 잘 선택해야 하는 까닭은 무엇인가요? 알맞은 것에 〇표 하세요.

사람마다 자신의 이에 잘 맞는 칫솔이 각각 다르고, 치약에서 나는 냄새가 건강을 해칠 수 있기 때문에	칫솔의 솔에 따라 잇몸이 상하거나 이가 잘 안 닦일 수 있고, 치약이 이의 표면을 많이 갈아 낼 수 있기 때문에
( )	( )

6 다음 중 바르게 칫솔질을 하지 <u>못한</u> 친구는 누구인가요? (   )

① 칫솔질을 적당한 세기로 한 예린

② 잊지 않고 혓바닥까지 문지른 원호

③ 3분 정도 입안을 구석구석 닦은 건우

④ 칫솔을 세워서 위아래로 움직여 닦은 선하

⑤ 칫솔이 잘 닿지 않아 어금니를 닦지 않은 한나

한 문장
마무리

7 빈칸에 알맞은 말을 써서, 이 글의 내용을 정리해 보세요.

이 글은 ☐ 를 바르게 닦는 방법에 대해 설명하고 있습니다.

치아와 관련된 말

⊙ 다음 그림과 설명을 보고, 치아와 관련된 말을 보기 에서 골라 빈칸에 쓰세요.

보기　　　　송곳니　　　　충치　　　　어금니　　　　영구치

음식을 잘게 부수기 위해 ☐☐☐ 를 주로 사용한다.
└ 입의 안쪽에 있는 넓적하고 큰 이

사람은 4개의 ☐☐☐ 를 가지고 있다.
└ 앞니와 어금니 사이에 있는 뾰족한 이

젖니가 빠지고 ☐☐☐ 가 난다.
└ 젖니가 빠진 뒤에 다시 나는 이

치아가 벌레를 먹은 것처럼 썩어 녹았다면 ☐☐ 가 생긴 것이다.
└ 균이 생겨서 상한 이

1주 5일 정답 확인

오늘 나의 실력을 평가해 봐!

부모님 응원 한마디

어떤 일이 일어났는지 알기 ❶

🌰 며느리가 방귀를 뀌자 어떤 일이 일어났나요? 알맞은 말을 골라 ○표 하세요.

며느리가 방귀를 뀌자, 집이 (날아갔다 / 생겨났다).

어떤 일이 일어났는지 잘 파악하기 위해서는 누가, 언제, 어디에서 무엇을 했는지 살펴봐야 해요. 따라서 글쓴이나 등장인물의 말과 행동에 주목하며 글을 읽어야 하지요. 만약 등장인물이나 일어난 일이 많으면 정리하며 읽는 것도 도움이 된답니다. 이제 함께 글을 읽으며 어떤 일이 일어났는지 살펴볼까요?

다음 이야기를 읽고, 어떤 일이 일어났는지 알아보세요.

옛날 어느 마을에 작은 용이 살고 있었습니다. 작은 용은 마음대로 불을 뿜고 싶었지만, 불을 잘못 뿜으면 집이 타고는 해서 항상 조심하였습니다.

어느 날 저녁, 심심해진 작은 용은 달을 향해 불을 뿜었습니다.

"후우우우욱!"

달은 너무 뜨거워서 견딜 수가 없었습니다.

달이 새까맣게 타 버리자, 까만 하늘에서 까만 달을 구별할 수가 없었습니다.

"누가 달을 태웠어?"

용 마을에서는 달이 탔다며 야단이 났습니다.

💡 등장인물이 언제, 어떤 일을 했는지 파악해 보세요. 작은 용이 한 행동에 주목해 보아요.

 작은 용의 행동으로 달에게 일어난 일을 찾아 선으로 이어 보세요.

작은 용의 행동	달에게 일어난 일
	• 새까맣게 타 버렸다.
저녁에 달을 향해 불을 뿜었다. •	
	• 새하얗게 질려 버렸다.

💡 달에게 일어난 일이 용 마을에 영향을 주고 있습니다. 일어난 일들 간의 관계를 살피며 글을 읽어 보세요.

 의 결과로 용 마을에는 어떤 일이 일어났나요? (   )

① 모두 환하게 빛나는 달을 보며 소원을 빌었다.

② 새까맣게 탄 달을 밤하늘에서 구별할 수 없게 되었다.

③ 새까맣게 탄 달이 불을 뿜은 용을 잡으러 마을에 찾아왔다.

④ 새하얗게 질린 달을 보고 다른 용이 달에게 또 불을 뿜었다.

⑤ 모든 용이 뜨거움을 참으며 새까맣게 타 버린 달의 모습을 구경했다.

2 다음 이야기를 읽고, 어떤 일이 일어났는지 알아보세요.

옛날 옛적에 어느 임금님이 무엇이든 만들어 내는 ㉠신기한 맷돌을 가지고 있었습니다. "나와라, 밥!" 하면 밥이 나오고, "멈춰라, 밥!" 하면 뚝 멈추는 신기한 맷돌이었답니다.

어느 날, 신기한 맷돌의 이야기를 들은 도둑이 궁궐에 들어와 맷돌을 훔쳐 갔습니다. 도둑은 배를 타고 바다를 건너다가 외쳤습니다.

"나와라, 소금!"

그러자 맷돌에서 하얀 소금이 쏟아져 나왔고, 점점 배 안에 쌓여 갔습니다. 소금으로 가득 찬 배가 기우뚱거리기 시작하였습니다.

도둑은 너무 놀라 "멈춰라, 소금!"이라는 말을 잊어버렸습니다. 결국, 맷돌은 도둑과 함께 바닷속에 가라앉고 말았습니다.

바닷속에서도 맷돌은 쉬지 않고 돌았습니다. 그래서 바닷물이 짜게 되었답니다.

㉠을 사용하면 어떤 일이 일어나나요? 빈칸에 들어갈 알맞은 말을 쓰세요.

"☐☐☐"를 외치면 물건이 나오고, "☐☐☐"를 외치면 물건이 나오는 것을 멈춘다.

💡 도둑의 행동이나 말을 잘 살펴보면 어떤 일이 일어났는지 파악할 수 있어요.
이 글에서 일어난 일을 바르게 정리한 것에는 ○표, 그렇지 <u>않은</u> 것에는 X표 하세요.

(1) 도둑은 궁궐에 들어와 임금님의 맷돌을 훔쳤다.·················· (　　　)

(2) 도둑은 맷돌을 가지고 배를 탔다.···························· (　　　)

(3) 도둑은 "멈춰라, 소금!"이라는 말을 가까스로 생각해 냈다.········ (　　　)

(4) 도둑은 소금과 함께 배에 남고, 맷돌만 바닷속에 가라앉았다.······ (　　　)

'전통 생활 도구'와 관련된 말

○ 다음 그림과 설명을 보고, 빈칸에 들어갈 알맞은 말을 보기 에서 골라 쓰세요.

| 보기 | 맷돌 | 키 | 절구 | 가마솥 |

└ 곡식에 섞여 있는 티끌 등을 골라내는 기구

└ 무쇠로 만든 큰 솥

└ 곡식을 가는 데 쓰는 기구

└ 곡식을 찧거나 빻는 데 사용하는 기구

  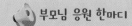

어떤 일이 일어났는지 알기 ❷

2주 2일

🌳 **다음 일기를 읽고 물음에 답해 봅시다.**

| 날짜: 20○○년 4월 30일 화요일 | 날씨: 맑다가 비가 옴. |

학교가 끝나고 집에 오는 길에 준하하고 아이스크림을 사 먹었다. 마침 용돈이 남아 있어서 나는 한 개를 더 사 먹었다. 아이스크림은 참 시원하고 달콤하였다.

준하와 아이스크림을 먹으며 놀이터 앞을 지나가는데 비가 오기 시작하였다. 나와 준하는 시원한 비를 맞으며 시소를 신나게 탔다.

집에 와서 숙제를 하려는데 갑자기 춥고 배가 아프기 시작하였다. 너무 아파서 어머니와 병원에 갔다. 의사 선생님께서는

"찬 음식을 많이 먹어서 배가 아프고, 오랜 시간 비를 맞아 열도 많이 나는군요."

라고 하셨다. 의사 선생님의 말씀을 듣고 나는 오늘 있었던 일을 떠올려 보았다.

1 글쓴이는 집에 오는 길에 어떤 일을 하였나요? 알맞은 것을 두 가지 찾아 기호를 쓰세요.

ㄱ 준하와 같이 놀았다.   ㄴ 아이스크림을 사 먹었다.
ㄷ 비를 맞으며 그네를 탔다.   ㄹ 어머니와 병원에 갔다.

(,   )

2 집에 돌아온 글쓴이에게 어떤 일이 생겼나요? 알맞은 것에 ○표 하세요.

(1) 배가 아프고 열이 났다. ･････････････････････････････ (   )

(2) 숙제를 마치고 쉬려는데 열이 나기 시작했다. ･･･････････････ (   )

🌳 **다음 이야기를 읽고 물음에 답해 봅시다.**

　옛날 옛적, 어느 산골에 착한 할아버지와 할머니가 자식도 없이 외롭게 살고 있었습니다. 어느 날, 할아버지가 나무를 하러 깊은 산속에 들어갔다가 샘을 발견하였습니다. 목이 마른 할아버지는 표주박에 샘물을 반 정도 담아 꿀꺽꿀꺽 마셨습니다.

　"어, 시원하구나."

　그런데 이게 웬일입니까? 할아버지의 주름투성이 얼굴이 젊은이의 얼굴로 변하여 있지 않겠어요? 젊은이로 변한 할아버지가 집으로 돌아오자 할머니가 깜짝 놀라 물었습니다.

　"아니, 젊은이는 누구요?"

　"하하하, 나요, 나!"

　이튿날, 할아버지는 할머니를 그 샘으로 데려갔습니다. 샘물을 마신 할머니도 젊어졌습니다.

　같은 동네에 살던 욕심쟁이 할아버지도 이 이야기를 듣고 샘물을 마시러 산속으로 갔습니다.

　"샘물을 표주박에 반 정도 담아 마셨다고? 나는 가득 담아 마셔야지!"

㉠

　욕심쟁이 할아버지가 돌아오지 않자 착한 할아버지 부부는 산속으로 욕심쟁이 할아버지를 찾으러 갔습니다.

　샘가에는 웬 아기가 앙앙 울고 있었습니다.

　"어머, 웬 아기일까요?"

　자식이 없어 늘 외롭던 착한 할아버지 부부는 아기를 데려다 잘 길렀습니다.

3　착한 할아버지는 산속에서 무엇을 마셨나요? 이 글에서 알맞은 말을 찾아 쓰세요.

4 집으로 돌아온 착한 할아버지를 보고 할머니가 깜짝 놀란 까닭은 무엇인가요?

( )

① 할아버지가 아기를 데려와서　　② 할아버지가 샘물을 가져와서
③ 할아버지가 나무를 많이 해 와서　④ 할아버지가 젊은이로 변하여 와서
⑤ 할아버지가 낯선 젊은이를 데려와서

5 ㉠에는 어떤 일이 일어났을까요? 빈칸에 들어갈 알맞은 말을 쓰세요.

욕심쟁이 할아버지는 젊어지고 싶은 마음에 [　][　]을 너무 많이 마셔서

[　][　] 가 되고 말았습니다.

6 두 할아버지가 각각 마신 샘물의 양으로 알맞은 것을 보기 에서 골라 기호를 쓰세요.

보기　㉮ 　㉯ 　㉰

(1) 착한 할아버지: (　　　)　　(2) 욕심쟁이 할아버지: (　　　)

한 문장
마무리

7 알맞은 말에 ○표 하여, 이 글의 내용을 정리해 보세요.

(샘물 / 바닷물)을 마시고 젊어진 착한 할아버지, 할머니의 이야기를 들은 욕심쟁이
할아버지는 자신도 샘물을 마셨지만, 너무 많이 마셔 (개미 / 아기)가 되었습니다.

헷갈리는 말

○ 보기 를 보고, 다음 문장에 어울리는 말을 골라 ○표 하세요.

> 보기
> • -장이: '그것을 직업으로 하는 사람'이라는 뜻을 더하는 말.
> • -쟁이: '그러한 특성을 많이 가진 사람'이라는 뜻을 더하는 말.

(욕심장이 / 욕심쟁이) 언니가
혼자서 아이스크림을 다 먹었다.

(미장이 / 미쟁이) 아저씨가 와서
시멘트 작업을 시작했다.

우리 이모는 소문난
(멋장이 / 멋쟁이)이다.

할아버지는 20년 동안 양복점을
운영한 (양복장이 / 양복쟁이)이다.

2주 2일
정답 확인

오늘 나의 실력을 평가해 봐!

부모님 응원 한마디
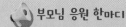

어떤 일이 일어났는지 알기 ❸

🌳 **다음 글을 읽고 물음에 답해 봅시다.**

아주 오랜 옛날, 백두산 아래 외딴 마을에 어머니와 아들이 살았습니다. 아들은 산에서 나무를 해다 팔거나, 품삯을 받고 남의 일을 해 주며 살아갔습니다.

어머니께서는 병으로 누워 지내시는 날이 많았습니다. 아들은 가난하였지만 지극한 정성으로 어머니를 모셨습니다.

어머니의 병이 점점 심해지자, 아들은 어머니의 병을 낫게 할 좋은 약을 구하기 위하여 마을에서 가장 지혜로운 노인을 찾아갔습니다.

"백두산에 가면 '장생초'라는 약초가 있다고 들었네. 그것을 드시면 어머니의 병이 나을지도……. 하지만 그 높고 험한 산을 어찌 간단 말인가!"

그 말을 들은 아들은 어머니의 병이 나을지도 모른다는 생각에 곧장 약초를 찾으러 떠났습니다.

- 최인학, 「백두산 설화」 중에서

1 **이 글에서 일어난 일로 알맞은 것에는 ○표, 알맞지 않은 것에는 X표 하세요.**

(1) 어머니께서 병으로 앓아누우셨다. ····························· (   )

(2) 지혜로운 노인이 어머니를 치료해 주려고 아들을 찾아왔다. ······· (   )

(3) 지혜로운 노인이 아들에게 장생초를 선물해 주었다. ············· (   )

(4) 지혜로운 노인은 아들에게 백두산에 함께 가자고 이야기했다. ····· (   )

(5) 아들은 약초를 찾으러 백두산으로 떠났다. ····················· (   )

아주 먼 옛날, 돼지와 수탉이 하늘 나라에 살고 있었습니다. 그 시절 돼지에게는 높고 멋진 코가 있었고, 수탉에게는 머리 위에 볏이 없었습니다.

"수탉아, 내 코는 정말 멋진 것 같지 않니?"

돼지는 항상 자신의 아름다운 코를 수탉에게 자랑하며 우쭐거렸습니다.

"응, 맞아. 네 코는 정말 아름다워."

돼지가 자랑을 할 때마다 마음씨 착한 수탉은 돼지를 칭찬해 주었습니다.

어느 날, 하늘 나라의 임금님이 돼지와 수탉을 불러 땅으로 가서 사람들을 도와주라고 하였습니다. 그래서 돼지와 수탉은 땅으로 내려가게 되었습니다. 수탉은 땅에 도착하자마자 사람들을 도울 수 있는 일을 찾기 시작했습니다. 그러던 중, 아침이 된 것을 몰라 늦잠을 자는 사람들을 보게 되었습니다. 그 모습을 본 수탉은 다음 날부터 아침마다 큰 소리로 울어서 사람들에게 아침을 알려 주었습니다. 그런데 돼지는 아무 일도 하지 않고 빈둥거리며 놀기만 하였습니다.

여러 날이 지나고, 임금님은 돼지와 수탉을 다시 하늘 나라로 불렀습니다. 그러고는 수탉에게 멋진 왕관을 씌워 주었습니다. 돼지는 이 모습이 무척 부러웠습니다. 임금님은 이번에는 돼지에게 다가가 말했습니다.

"너 같은 게으른 녀석에게는 그 멋진 코가 어울리지 않는다."

임금님은 돼지의 코를 꾹 눌러서 납작하게 만들었습니다.

"아이고, 내 코. 내 코가 이렇게 되다니! 임금님, 제가 잘못했으니 한 번만 용서해 주세요."

돼지는 엉엉 울며 후회하였지만 소용이 없었습니다.

2 하늘 나라에 살던 돼지와 수탉이 땅으로 내려온 까닭으로 알맞은 말에 ○표 하세요.

임금님이 땅 위의 사람들을 (괴롭히라고 / 도와주라고) 해서
돼지와 수탉은 땅으로 내려왔다.

3 돼지와 수탉의 성격으로 알맞은 것을 찾아 선으로 이어 보세요.

| 돼지 | • | | • | 마음씨가 착하고 부지런하다. |
| 수탉 | • | | • | 잘난 척을 많이 하고 게으르다. |

4 이 글의 내용으로 알맞지 <u>않은</u> 것은 무엇인가요? (　　　)

① 하늘 나라에 있을 때 수탉은 볏이 없었다.

② 돼지는 높고 멋진 코를 수탉에게 항상 자랑했다.

③ 땅에 내려온 돼지는 매일 빈둥거리며 놀기만 했다.

④ 수탉은 사람들이 늦잠을 자지 않도록 아침마다 큰 소리로 울었다.

⑤ 하늘 나라의 임금님으로부터 상을 받지 못한 돼지는 크게 화를 냈다.

5 하늘 나라로 되돌아간 돼지와 수탉에게 일어난 일로 알맞은 것에 ○표 하세요.

(　　　)

(　　　)

(　　　)

6 알맞은 말에 ○표 하여, 이 글의 내용을 정리해 보세요.

수탉은 땅 위의 사람들을 도와주어 임금님께 (벌 / 상)을 받았지만, 돼지는 게으름을 피우며 놀기만 하여 임금님께 (벌 / 상)을 받았습니다.

모양을 나타내는 말

○ 다음 그림을 보고, 모양을 나타내는 말을 보기 에서 골라 빈칸에 알맞게 쓰세요.

보기   납작하다   뭉툭하다   뾰족하다   오목하다

접시가 ⬜⬜⬜⬜.

밥그릇이 ⬜⬜⬜⬜.

연필 끝이 ⬜⬜⬜⬜.

구두의 앞코가 ⬜⬜⬜⬜.

2주 3일
정답 확인

오늘 나의 실력을 평가해 봐!    부모님 응원 한마디

어떤 일이 일어났는지 알기 ④

🌳 **다음 이야기를 읽고 물음에 답해 봅시다.**

> 태풍이 찾아온 것은 한밤중이에요. 씨잉! 씨잉! 작은 나무들이 뿌리째 뽑혀 저만치 날아갔어요.
>
> 굵은 나뭇가지들도 순식간에 부러졌지요. 숲은 와들와들 떨고 있어요.
>
> 아침이 밝았어요. 이제 숲은 조용해요. 이슬이는 쓰러진 밤나무 앞으로 달려와 울먹였어요.
>
> "어서 일어나, 밤나무야!"
>
> 하지만 밤나무는 꿈쩍도 하지 않아요.
>
> — 손정원, 「할아버지의 약속」 중에서

1 한밤중에 숲에서는 어떤 일이 일어났나요? (   )

① 더위가 찾아왔다.　　② 태풍이 찾아왔다.　　③ 황사가 찾아왔다.

④ 눈보라가 찾아왔다.　　⑤ 소나기가 찾아왔다.

2 한밤중에 일어난 일로 숲과 나무는 어떻게 되었나요? 알맞게 이야기하지 <u>못한</u> 친구의 이름을 쓰세요.

> 정민: 작은 나무들이 뿌리째 뽑혀 멀리 날아갔어.
>
> 현우: 굵은 나뭇가지들이 순식간에 부러지고, 숲은 와들와들 떨었어.
>
> 유진: 아침에 이슬이가 밤나무를 깨웠더니 밤나무가 바로 일어났어.

(   )

🌱 다음 이야기를 읽고 물음에 답해 봅시다.

젊은이는 우렁 색시에게 받은 조롱박을 품에 잘 간직하고 욕심쟁이 임금님과 내기를 하러 갔습니다. 임금님은 크고 멋진 배를 가지고 있었습니다. 젊은이는 우렁 색시가 시킨 대로 바다에 조롱박을 던졌습니다. 그러자 조롱박이 보잘것없는 작은 배 한 척으로 변하였습니다.

㉠"쯧쯧, 저런 배로 어떻게 바다를 건너나?"

구경하는 사람들이 안타까워하며 웅성거렸습니다. 그러나 젊은이는 열심히 노를 저었습니다. 그런데 갑자기 수많은 물고기들이 나타나 젊은이의 배를 끌고 쏜살같이 나아가기 시작했습니다. 사람들이 환호성을 질렀습니다.

㉡"야호! 젊은이가 욕심쟁이 임금님 배를 앞질렀다."

임금님은 화가 치밀어 소리를 질렀습니다.

㉢"감히 나를 이기다니!"

㉣그때 갑자기 파도가 치더니 임금님의 배를 삼켜 버렸습니다. 욕심쟁이 임금님에게 고통을 받던 사람들은 젊은이에게 새로운 임금님이 되어 달라고 부탁하였습니다. 젊은이는 임금님이 되어 우렁 색시와 함께 행복하게 살았습니다.

3 우렁 색시가 젊은이에게 준 것은 무엇인지 이 글에서 찾아 쓰세요.

4 우렁 색시가 준 물건을 바다에 던지자 어떤 일이 일어났나요? (   )

① 조롱박 스무 개가 바다에 둥둥 떠 있었다.
② 욕심쟁이 임금님의 멋진 배가 가라앉았다.
③ 우렁 색시가 바다 위에서 배를 몰고 있었다.
④ 물건이 보잘것없는 작은 배 한 척으로 변하였다.
⑤ 욕심쟁이 임금님의 배보다 훨씬 더 큰 배가 생겨났다.

5 젊은이의 배가 임금님의 배를 앞지를 수 있던 까닭으로 가장 알맞은 것은 무엇인가요? (   )

① 젊은이가 노를 잘 저어서   ② 사람들이 같이 노를 저어서

③ 우렁 색시가 같이 노를 저어서   ④ 물고기들이 임금님의 노를 빼앗아서

⑤ 물고기들이 배를 빠르게 끌어 주어서

6 ㉠~㉢에서 느껴지는 마음을 알맞게 짝 지은 것은 무엇인가요? (   )

	㉠	㉡	㉢
①	설렘.	기쁨.	신남.
②	설렘.	슬픔.	미안함.
③	슬픔.	미안함.	외로움.
④	안타까움.	기쁨.	화가 남.
⑤	안타까움.	미안함.	화가 남.

7 ㉣ 이후에 어떤 일이 일어났나요? 빈칸에 들어갈 알맞은 말을 이 글에서 찾아 쓰세요.

사람들의 부탁으로 젊은이는 ☐ ☐ ☐ 이 되었습니다.

한 문장
마무리

8 빈칸에 알맞은 말을 써서, 이 글의 내용을 정리해 보세요.

우렁 색시가 준 ☐ ☐ ☐ 이 변한 작은 ☐ 를 가지고 욕심쟁이 임금님

과의 내기에서 이긴 젊은이는 사람들의 부탁으로 ☐ ☐ ☐ 이 되었습니다.

움직임을 나타내는 말

◉ 다음 밑줄 친 움직임을 나타내는 말을 알맞게 표현한 그림에 ○표 하세요.

택시가 버스를 <u>앞지르다</u>.

도둑이 물건을 <u>훔치다</u>.

편지를 소중하게 <u>간직하다</u>.

어떤 일이 일어났는지 알기 ❺

 다음 이야기를 읽고 물음에 답해 봅시다.

유명한 학자 윤회가 하루는 남의 집 헛간에서 잠을 자게 되었습니다. 윤회가 잠을 자려고 막 헛간 문을 닫으려고 할 때였습니다. 윤회는 주인집 딸아이가 마당에 값진 구슬을 떨어뜨리는 것을 보았습니다.

마침 지나가던 거위가 그것을 냉큼 집어삼켰습니다.

딸아이는 값진 구슬을 잃어버렸다면서 울음을 터뜨렸습니다. 주인은 윤회를 의심하였습니다. 그래서 윤회를 헛간 기둥에 묶어 버렸습니다. 헛간 기둥에 묶인 윤회가 주인에게 말하였습니다.

"한 가지 부탁이 있소. 저 거위를 내 옆에 묶어 주시오."

주인은 윤회의 부탁을 들어주었습니다.

이튿날 아침, 윤회는 거위 똥 속에서 구슬을 찾아 주인에게 주었습니다.

1 윤회에게 일어난 일을 순서대로 정리하였습니다. 알맞은 말을 골라 ○표 하세요.

- 주인집 딸아이가 (던진 / 떨어뜨린) 구슬을 거위가 집어삼키는 모습을 봄.
- 윤회를 의심한 주인이 그를 헛간 기둥에 (묶어 / 묻어) 버림.
- 윤회는 주인에게 (거위 / 딸아이)를 자기 옆에 같이 묶어 달라고 부탁함.
- 이튿날 아침, 거위 (똥 / 입)에서 구슬을 찾아 주인에게 줌.

옛날 어느 마을에 농부와 아내가 살았어요. 두 사람은 가난했지만 열심히 농사를 지으면서 행복하게 살았지요. 어느 날 시장에 간 농부는 암탉 한 마리를 샀어요.

그런데 다음 날 아침, 아내는 깜짝 놀랐어요.

"세상에나! 여보, 암탉이 그냥 달걀이 아니라 황금 알을 낳았어요."

농부와 아내는 믿을 수가 없었어요. 암탉은 날마다 하나씩 황금 알을 낳았고, 부부는 황금 알 덕분에 편안하게 살게 되었어요. 그런데 흥청망청 돈을 쓰다 보니 하루 한 알로는 돈이 모자랐어요. 두 사람은 점점 욕심이 생겼어요.

"쯧쯧, 하루에 겨우 황금 알 하나밖에 못 낳다니 답답하구먼."

농부의 아내가 한 가지 꾀를 냈어요.

"암탉의 배를 갈라 봅시다. 배 속엔 굉장히 많은 황금 알이 들어 있을 거예요. 우리는 더 큰 부자가 될 수 있어요."

㉠"옳지! 그것 참 좋은 생각이군."

농부는 신이 나서 무릎을 탁 쳤어요. 부부의 대화를 듣고 있던 딸이 다급히 부부를 말렸어요.

"제발 고마운 닭을 죽이지 마세요. 죽고 나면 되돌릴 수 없어요."

㉡"저리 비키지 못해?"

이미 욕심에 눈이 먼 부부는 딸에게 도리어 화를 냈어요.

부부는 암탉의 배를 갈랐지만, 배 속에는 아무것도 없었어요. 두 사람은 뒤늦게서야 [㉢]를 하였지만 소용없는 일이었지요.

---

2 농부가 시장에서 암탉을 사 온 다음 날 어떤 일이 일어났나요? 알맞은 말을 골라 ○표 하세요.

> 암탉이 (검은 알 / 황금 알)을 낳았다.

3 암탉을 사 온 뒤에 농부와 아내에 대해 알맞게 말한 친구의 이름을 쓰세요.

> 아현: 암탉을 소중히 여기며 더 욕심을 내지 않고 고마워했어.
>
> 준이: 날마다 알을 낳아 주는 암탉을 믿고 돈을 흥청망청 쓰다가 돈이 모자랐어.

(   )

4 농부의 아내는 부자가 되기 위해 어떤 꾀를 내었나요? (   )

① 돈을 아껴 쓰는 것   ② 암탉의 배를 갈라 보는 것
③ 암탉을 병원에 데려가는 것   ④ 시장에서 암탉을 또 사 오는 것
⑤ 암탉에게 음식을 많이 먹이는 것

5 ㉠, ㉡에 드러난 인물의 마음으로 알맞은 것을 찾아 선으로 이어 보세요.

| ㉠ 옳지! 그것 참 좋은 생각이군. | • | • | 신이 나다. |

| ㉡ 저리 비키지 못해? | • | • | 화가 나다. |

6 ㉢에 들어갈 말로 가장 알맞은 것은 무엇인가요? (   )

① 용서   ② 충고   ③ 화해   ④ 환호   ⑤ 후회

한 문장 마무리

7 빈칸에 알맞은 말을 써서, 이 글의 내용을 정리해 보세요.

> ☐☐ 을 부리던 농부와 아내는 매일 ☐☐ 알을 낳아 주던 고마운
>
> 암탉을 결국 죽였고, 뒤늦게 ☐☐ 하였습니다.

형태는 같지만 뜻이 다른 말

○ 다음 밑줄 친 말의 뜻으로 알맞은 것을 찾아 선으로 잇고, 아래의 낱말을 따라 쓰세요.

싸움을 <u>말리다</u>.

긴 종이나 헝겊 등이 감기다.

빨래를 <u>말리다</u>.

물기를 다 날려서 없애다.

천이 <u>말리다</u>.

어떤 행동을 하지 못하게 타이르거나 방해하다.

'말 리 다'는 형태는 같지만 뜻은 각각 다른 말입니다.

등장인물의 성격 파악하기 ①

🥜 아기 양의 성격은 어떠한가요? 알맞은 말을 골라 ○표 하세요.

아기 양은 (어리석다 / 지혜롭다).

성격이란 한 인물이 지니고 있는 독특한 성질이랍니다. 이야기에 등장하는 인물들의 성격은 사건이 진행되는 데 큰 영향을 미칩니다. 인물의 성격을 파악하기 위해서는 인물의 말과 행동을 주의 깊게 살피며 글을 읽어야 해요. 이제, 이야기를 읽으며 인물의 말과 행동을 통해 인물의 성격을 파악해 볼까요?

❶ 다음 이야기를 읽고, 등장인물의 성격을 파악해 보세요.

어느 날 아침, 당나귀 한 마리가 길을 가다가 우연히 사자 가죽을 주웠습니다. 당나귀는 신이 나서 사자 가죽을 뒤집어쓰고는 숲속 여기저기를 다니며 사자인 척하여 동물들을 놀라게 했습니다.

해가 질 때까지 동물들을 놀리는 재미에 푹 빠져 있던 당나귀는 지나가던 여우를 발견하였습니다. 당나귀는 이 여우를 더 놀라게 해 줄 생각으로 '으르렁' 하고 사자 울음소리를 흉내 내어 보았습니다. 그러나 사자 소리는 나지 않고 당나귀의 '히힝' 하는 소리만 났을 뿐이었습니다.

사자인 줄 알고 깜짝 놀라 도망가려던 여우가 깔깔 웃으며 한마디 했습니다.

"이 어리석은 당나귀야, 네 목소리를 못 들었으면 내가 너를 사자라고 생각해서 놀랐겠지. 그런데 네 울음소리를 듣고 나니 네가 당나귀인 걸 단번에 알아차렸다고! 누굴 속이려고 하니?"

 당나귀는 무엇을 하였는지 알맞은 말을 골라 ○표 하세요.

(사자 / 토끼) 가죽을 뒤집어쓰고 다른 동물들을 (놀라게 / 행복하게) 했다.

 당나귀의 성격은 어떠한가요? (   )

① 짓궂다.　　② 게으르다.　　③ 소심하다.　　④ 친절하다.　　⑤ 침착하다.

 여우의 성격을 알맞게 이야기한 친구의 이름을 쓰세요.

다은: 당나귀의 모습을 보고 깜짝 놀란 것으로 보아, 겁이 없는 것 같아.

예성: 울음소리를 듣고 당나귀라는 것을 알아차린 것으로 보아, 영리한 것 같아.

(   )

❷ 다음 이야기를 읽고, 등장인물의 성격을 파악해 보세요.

옛날 옛적에 한 어부가 고기를 잡고 있었습니다.

그런데 그물에 커다란 항아리가 걸렸습니다. 어부는 항아리의 뚜껑을 열었습니다. 그러자 무섭게 생긴 괴물이 나와서 어부를 잡아먹으려고 하였습니다.

어부는 한 가지 꾀를 내었습니다.

㉠"궁금한 것이 있습니다. 당신은 그렇게 큰 몸으로 어떻게 항아리 속에 계셨나요?"

"응, 아주 간단하지. 잘 보라고. 내가 다시 항아리 속에 들어갔다 나올 테니."

괴물은 항아리 속으로 들어갔습니다. ㉡어부가 재빨리 항아리의 뚜껑을 닫았습니다. 그리고 항아리를 바다에 던졌습니다.

 괴물은 어부에게 무엇을 하려고 하였나요? (   )

① 잡아먹으려고 하였다.　　　　② 은혜를 갚으려고 하였다.

③ 길을 물어보려고 하였다.　　　④ 항아리를 선물하려고 하였다.

⑤ 고기를 같이 잡으려고 하였다.

 어부가 ㉠, ㉡과 같이 한 까닭은 무엇인가요? 빈칸에 들어갈 알맞은 말을 쓰세요.

괴물에게 질문을 하여 괴물을 [　][　][　] 속에 들어가게 한 뒤, 재빨리 [　][　] 을 닫고 다시는 나올 수 없도록 [　][　] 에 던지기 위해서이다.

💡 인물의 성격을 파악하기 위해서는 인물의 말과 행동에 먼저 주목해야 해요.

 어부의 성격으로 알맞은 것은 무엇인가요? (   )

① 어리석다.　　　② 꾀가 많다.　　　③ 욕심이 많다.

④ 화를 잘 낸다.　　　⑤ 뽐내기 좋아한다.

뜻이 반대되는 말

◎ 다음 그림을 보고, 문장에 어울리는 말을 골라 ○표 하세요.

고추장을 대접에 담으려고
장독대 뚜껑을 (닫다 / 열다).

고추장을 대접에 담은 후
장독대 뚜껑을 (닫다 / 열다).

투수가 공을
(받다 / 던지다).

포수가 공을
(받다 / 던지다).

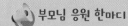

등장인물의 성격 파악하기 ❷

🌳 **다음 이야기를 읽고 물음에 답해 봅시다.**

아주 먼 옛날에는 사람들이 굽이 없는 신발을 신고 다녔단다. 한 노인이 있었지. 그 노인은 자신이 신고 다니는 신발에 곤충과 새싹이 밟혀 죽을까 봐 걱정하였어. 그래서 잠을 못 이루었어. 그러던 어느 날, 노인은 발바닥 한가운데가 오목한 이유를 깨닫게 되었단다.

"그래, 바로 이거야. 하느님은 사람들의 발바닥을 오목하게 만들어서, 발바닥이 땅에 닿는 부분을 줄였던 거야. 그렇게 해서 죄 없는 생명들이 밟혀 죽는 것을 줄이려는 거지."

노인은 그날로 신발에 낮고 조그만 굽을 달았단다. 신발에 굽이 생기자 신발이 땅에 닿는 부분이 줄어들었지. 그 뒤로 신발에 깔려 죽는 생명들이 많이 줄어들었다는구나.

1 노인이 신발에 굽을 단 까닭은 무엇인가요? 알맞은 말을 골라 ○표 하세요.

> 신발이 땅에 닿는 부분을 (늘려서 / 줄여서)
> 생명들이 신발에 깔려 (사는 / 죽는) 것을 줄이기 위해서

2 노인의 성격은 어떠한가요? (   )

① 얄밉다.   ② 세심하다.   ③ 인색하다.

④ 변덕스럽다.   ⑤ 욕심이 많다.

다음 이야기를 읽고 물음에 답해 봅시다.

옛날 어느 산골에 토끼 형제가 살았다. 형님 토끼는 목소리가 크고 씩씩했고, 동생 토끼는 부끄러움을 많이 타서 항상 작은 목소리로 말하고는 하였다.

어느 날, 토끼 형제가 산길을 가는데 갑자기 앞쪽에서 연기가 났다.

"형, 이게 뭐지?"

동생 토끼가 형님 토끼에게 물었다.

"이런, 산불이 난 것 같은데? 가만히 있다가는 큰일 나겠어. 어서 피하자. 동생아, 넌 지금 다른 동물 친구들에게 산불이 났다고 알려. 난 불이 얼마나 크게 번지는지 살펴봐야겠어. 마을로 가는 길에 혹시 다친 친구들이 있는지도 살펴봐야 해."

형님 토끼는 들판을 거쳐 산속으로 용감하게 뛰어갔다. 동생 토끼는 형님 토끼가 시킨 대로 얼른 동물 친구들이 사는 마을로 달려가서 말했다.

"불이야! 불이야! 산불이 났어요. 얼른 피하세요!"

그렇지만 동생 토끼의 목소리가 너무 작아서 아무도 듣지 못했다.

3 토끼 형제에 대한 설명으로 알맞은 것을 찾아 선으로 이어 보세요.

| 동생 토끼 | • | | • | 목소리가 크고 씩씩하다. |
| 형님 토끼 | • | | • | 목소리가 작고 부끄러움이 많다. |

4 산길을 가던 토끼 형제에게 어떤 일이 일어났나요? (   )

① 비가 내려 비를 맞았다.   ② 산불이 난 것을 보았다.

③ 맛있는 음식을 발견하였다.   ④ 다친 친구를 치료해 주었다.

⑤ 달리기 시합을 하다가 넘어졌다.

5 형님 토끼가 동생 토끼에게 부탁한 일은 무엇인가요? (   )

① 나와 함께 산속으로 뛰어가자.

② 불이 얼마나 크게 번졌는지 살펴봐.

③ 마을로 가서 불을 낸 동물을 찾아 줘.

④ 산불이 났으니 물을 구해서 함께 불을 끄자.

⑤ 다른 동물 친구들에게 산불이 났다고 알려 줘.

6 이 글을 읽고 나눈 대화로 알맞지 <u>않은</u> 것은 무엇인가요? (   )

① 수현: 형님 토끼의 빠른 판단과 용감한 모습이 멋있어.

② 규은: 다친 친구들이 있는지도 살펴봐야 한다는 말에서 배려심이 느껴졌어.

③ 정우: 동생 토끼는 형님 토끼의 말을 잘 듣는 것 같아.

④ 민후: 맞아, 그런데 동생 토끼가 용기를 조금만 더 내면 좋았을 것 같아.

⑤ 소민: 그래도 동물 친구들한테 불이 난 상황이 잘 전달된 것 같아서 다행이야.

7 이 글을 읽고 동생 토끼에게 한 충고로 알맞은 것에 ○표 하세요.

부끄럽더라도 상황에 따라 알맞은 크기의 목소리로 말해야 한단다. ( )	위급한 상황에서는 전달이 잘 되도록 천천히 작은 목소리로 말해야 한단다. ( )

한 문장 마무리

8 빈칸에 알맞은 말을 써서, 이 글의 내용을 정리해 보세요.

형님 토끼의 말에 따라 동생 토끼는 마을로 가 ☐☐ 이 난 것을 다른 동물 친구들에게 알려 주었지만, 목소리가 너무 ☐☐☐ 아무도 듣지 못했습니다.

재미있는 **어휘 놀이터**

뜻이 비슷한 말

◯ 다음 밑줄 친 낱말과 뜻이 비슷한 말을 골라 ◯표 하세요.

성진이는 목소리가 크고 <u>씩씩하다</u>.

여리다   힘차다

성규는 무척 <u>게으르다</u>.

나태하다   부지런하다

친구들 앞에서 노래하는 것이 <u>부끄럽다</u>.

수줍다   너그럽다

우리 담임 선생님은 모두에게 <u>친절하다</u>.

까다롭다   상냥하다

등장인물의 성격 파악하기 ❸

 다음 이야기를 읽고 물음에 답해 봅시다.

> 산속 외딴길에 나무가 한 그루 서 있다. 커다란 호랑이를 넣은 궤짝이 놓여 있다. 바람 부는 소리와 나무 흔들리는 소리가 들린다.
>
> 이때, 나그네가 지나간다.
>
> 호랑이: 나그네님, 저를 좀 구해 주십시오.
>
> 나그네: (궤짝을 들여다보고) 이키, 호랑이구려! 무슨 일이오?
>
> 호랑이: 나그네님, 제발 문고리를 따고 문짝을 좀 열어 주십시오.
>
> 나그네: 뭐요? 문을 열어 달라고? 열어 주면 뛰쳐나와서 나를 잡아먹을 것이 아니오?
>
> 호랑이: 아닙니다. 제가 은혜를 모르고 그런 짓을 할 리가 있겠습니까?
>
> — 방정환, 「토끼의 재판」 중에서

1 나그네에 대해 알맞게 말한 친구에게 ○표 하세요.

> 은서: 궤짝의 문을 열어 주면 호랑이가 자신을 해칠 것 같다며 호랑이를 믿지 못하고 있는 것으로 보아 의심이 많은 성격인 것 같아.
>
> (   )

> 정수: 누가 호랑이를 궤짝에 가두어 두었는지 궁금해하며 호랑이를 불쌍하게 생각하고 있는 것으로 보아 정이 많은 성격인 것 같아.
>
> (   )

🌳 **다음 이야기를 읽고 물음에 답해 봅시다.**

무더운 여름날이었습니다. 한 고기 장수가 시장에 내다 팔 고기를 수레에 가득 싣고 길을 걷고 있었습니다. 울퉁불퉁한 길을 지나던 고기 장수는 그만 실수로 고기 한 덩이를 떨어뜨리고 말았습니다. 지나가던 까마귀는 신이 나서 떨어진 고기를 부리로 낚아챘습니다.

"우아, 이게 웬 떡이야."

그 모습을 지나가던 배고픈 여우가 보게 되었습니다.

'아, 어제부터 아무것도 먹지 못해 배가 몹시 고픈데 까마귀가 물고 있는 저 고기를 어떻게 빼앗아 먹을까?'

여우는 나뭇가지에 앉아 있는 까마귀를 보며 말했습니다.

"까마귀야, 너의 노랫소리가 그렇게 아름답다면서?"

여우의 말을 들은 까마귀는 어깨가 으쓱해졌습니다. 여우는 까마귀에게 아름다운 소리로 노래를 불러 달라고 부탁하였습니다. 기분이 좋아진 까마귀는 노래를 부르기 시작하였습니다. 그런데 그 순간 까마귀가 입에 물고 있던 고기가 땅에 떨어지고 말았습니다. [㉠] 까마귀는 엉엉 울었습니다.

---

2 이 글의 등장인물은 누구인지 모두 골라 ○표 하세요.

(   )   (   )   (   )   (   )

3 여우가 까마귀에게 노래를 불러 달라고 부탁한 까닭은 무엇인가요? (   )

① 까마귀의 노래 연습을 도와주기 위해서

② 까마귀의 노랫소리가 듣고 싶었기 때문에

③ 까마귀와 노래 대결을 하고 싶었기 때문에

④ 까마귀가 노래를 잘 부르면 고기를 나누어 주려고

⑤ 까마귀가 물고 있는 고기를 떨어뜨리도록 하기 위해서

4 ㉠에 들어갈 내용으로 가장 알맞은 것은 무엇인가요? (   )

① 까마귀는 떨어진 고기를 얼른 삼켰습니다.

② 까마귀는 여우를 몹시 칭찬해 주었습니다.

③ 여우가 떨어진 고기를 주워서 먹어 버렸습니다.

④ 여우는 까마귀의 노래를 듣고 손뼉을 쳤습니다.

⑤ 까마귀와 여우는 고기를 맛있게 나누어 먹었습니다.

5 까마귀의 성격으로 알맞은 것은 무엇인가요? (   )

① 쌀쌀맞다.   ② 어리석다.   ③ 정직하다.

④ 지혜롭다.   ⑤ 부지런하다.

한 문장
마무리

6 빈칸에 알맞은 말을 써서, 이 글의 내용을 정리해 보세요.

□□ 의 칭찬에 기분이 좋아진 까마귀는 노래를 부르다가 입에 물고 있던 □□ 를 땅에 떨어뜨렸고, 결국 □□ 에게 고기를 빼앗겼습니다.

날씨를 나타내는 말

○ 다음 그림을 보고, 빈칸에 들어갈 알맞은 말을 찾아 선으로 이어 보세요.

올해 여름은 매우 ( ).

・

・ 무덥다

구름 한 점 없이 ( ).

・

・ 화창하다

곧 비가 올 것처럼 ( ).

・

・ 우중충하다

3주 3일
정답 확인

오늘 나의 실력을 평가해 봐!

부모님 응원 한마디

🌳 **다음 이야기를 읽고 물음에 답해 봅시다.**

토끼가 깊은 산속을 지나고 있었어요. 그때 갑자기 호랑이가 나타났어요.

"어흥, 너를 잡아먹어야겠다!"

토끼는 무서웠지만 얼른 꾀를 내었어요.

"호랑이님, 제발 살려 주세요. 그 대신 제가 맛있는 떡을 구워 드릴게요."

호랑이는 떡을 먼저 먹고 난 뒤에 토끼를 잡아먹어야겠다고 생각했어요.

토끼는 활활 타오르는 불 위에 돌멩이를 올려 굽다가, 꿀을 가져온다며 마을로

내려가 버렸어요.

1 호랑이를 만난 후 토끼가 한 행동으로 알맞은 것은 무엇인가요? (   )

① 호랑이가 너무 무서워서 엉엉 울었다.

② 호랑이에게 꿀을 잔뜩 바른 떡을 구워 주었다.

③ 호랑이가 아끼는 돌멩이를 훔쳐서 도망을 갔다.

④ 추위를 많이 타는 호랑이를 위해 불을 피워 주었다.

⑤ 호랑이에게 맛있는 떡을 구워 줄 테니 살려 달라고 빌었다.

2 이 글에 나타난 토끼의 성격은 어떠한가요? (   )

① 거만하고 인색하다.　　　　② 영리하고 꾀가 많다.

③ 겁이 많고 소심하다.　　　　④ 까칠하고 무뚝뚝하다.

⑤ 고집이 세고 어리석다.

🌳 **다음 이야기를 읽고 물음에 답해 봅시다.**

꼬물꼬물초등학교에 다니는 무당벌레는 오늘도 예쁜 옷을 자랑하였어요. 일곱 개의 점무늬가 반짝반짝 빛났지요.

"와, 예쁘다."

친구들이 부러워하였어요. 검은 옷만 입고 다니는 개미는 무당벌레와 친해지고 싶었어요.

그러나 무당벌레는

㉠"야, 검댕아!"

하며 개미를 놀렸어요.

"내 이름을 불러 줘."

여러 번 말하여도 무당벌레는 듣지 않았어요. 개미는 화가 났지만 꾹 참았어요.

개미는 색칠을 잘하였어요. 빨강 크레파스로 열심히 딸기를 칠하였어요.

무당벌레는 크레파스를 가져오지 않아 개미만 물끄러미 보고 있었어요.

개미는 무당벌레에게 초록 크레파스를 빌려주었어요.

"딸기 꼭지를 먼저 칠해."

"싫어. 빨간 딸기 먼저 칠할래."

무당벌레는 개미의 빨강 크레파스를 빼앗아 갔어요.

개미는 진짜 화가 났지만 꾹 참았어요.

– 이성자, 「넌 멋쟁이야」 중에서

3 무당벌레는 오늘도 무엇을 자랑하였나요? (   )

① 개미와 가장 친한 친구라는 것
② 꼬물꼬물초등학교에 다니는 것
③ 친구들 중에서 색칠을 가장 잘하는 것
④ 일곱 개의 점무늬가 있는 예쁜 옷을 입은 것
⑤ 딸기를 예쁘게 색칠할 수 있는 크레파스를 가진 것

4 개미가 무당벌레와 친해지고 싶었던 까닭은 무엇인가요? (   )

① 무당벌레가 자신의 이름을 여러 번 불러 주어서
② 자신을 놀리는 친구들을 무당벌레가 혼내 주어서
③ 검은 옷만 입는 자신과 다른 무당벌레가 부러워서
④ 무당벌레가 여러 색깔의 크레파스를 가지고 있어서
⑤ 자신의 옷과 무당벌레의 옷을 바꾸어 입을 수 있어서

5 무당벌레에게 ㉠과 같은 말을 들은 개미의 마음을 알맞게 말한 친구의 이름을 쓰세요.

> 소혜: 무당벌레가 별명을 부르며 친근하게 다가와 주어서 기뻤을 거야.
>
> 창희: 이름을 불러 주지 않고 놀리기만 하는 무당벌레에게 화가 많이 났을 거야.

(   )

6 무당벌레의 성격으로 알맞은 것을 찾아 ○표 하세요.

| 겁이 많다. | 심술궂다. | 용감하고 씩씩하다. |

한 문장
마무리

7 알맞은 말에 ○표 하여, 이 글의 내용을 정리해 보세요.

> 개미는 무당벌레와 친해지고 싶었지만 (겸손한 / 심술궂은) 무당벌레는 개미를 놀리
> 고, 크레파스를 (부러뜨렸습니다 / 빼앗았습니다).

흉내 내는 말

다음 그림을 보고, 흉내 내는 말을 보기에서 골라 빈칸에 알맞게 쓰세요.

보기 　　꼬물꼬물　　　데굴데굴　　　뒤뚱뒤뚱　　　성큼성큼

개미가 　☐☐☐☐　 기어간다.

무대 위를 　☐☐☐☐　 걸었다.

오리가 　☐☐☐☐　 걷는다.

축구공이 　☐☐☐☐　 굴러갔다.

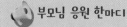

 등장인물의 성격 파악하기 ⑤

🌳 **다음 이야기를 읽고 물음에 답해 봅시다.**

> 한 사냥꾼이 가죽을 얻기 위해 족제비 한 마리를 쫓고 있었습니다. 그런데 족제비가 그만 허름한 초가집 울타리 안으로 들어가 버렸습니다. 바로 그때, 그 집 개가 족제비를 물어 갔습니다. 사냥꾼이 집주인에게 말하였습니다.
>
> "내가 몰던 족제비를 당신네 개가 잡아 갔으니 돌려주시오."
>
> 그러자 주인이 말하였습니다.
>
> "당신은 몰기만 하고 잡은 것은 우리 개인데, 왜 당신 족제비란 말이오?"
>
> 두 사람이 다투고 있는데 한 아이가 지나가다가 두 사람에게 다가왔습니다.
>
> "사냥꾼 아저씨는 가죽을 얻으려고 했고 개는 고기가 탐났으니 가죽과 고기를 나누어 가지면 어떨까요?"
>
> 싸움을 지켜보던 사람들이 아이의 슬기로운 생각에 고개를 끄덕였습니다.

1 사냥꾼과 집주인이 다툰 까닭은 무엇인가요? 빈칸에 들어갈 알맞은 말을 쓰세요.

> 서로 ☐☐☐ 를 자신이 가져야 한다고 생각했기 때문에

2 아이의 성격으로 알맞은 것은 무엇인가요? ( )

① 성실하다.　　　　② 순진하다.　　　　③ 예민하다.

④ 잔인하다.　　　　⑤ 지혜롭다.

🌳 **다음 이야기를 읽고 물음에 답해 봅시다.**

한 나그네가 어느 마을을 지나고 있었습니다.

아직 밥을 먹지 못한 나그네는 너무나 배가 고팠습니다. 주린 배를 움켜쥐고 걷던 나그네는 어느 기와집 앞에 멈춰 섰습니다. 그 집 마당에서는 솥에 고깃국을 보글보글 끓이고 있었습니다. 냄새가 너무나 좋아 나그네는 발길이 떨어지지 않았습니다. 나그네는 그 자리에서 냄새를 킁킁 맡으며 서 있었습니다.

그때, 심술궂은 집주인이 그 모습을 보고 뛰쳐나와 소리를 질렀습니다.

"아니, 당신은 누구기에 귀한 고기를 넣고 끓인 국 냄새를 그렇게 함부로 맡는 거요? 그렇게 많은 냄새를 맡았으니 냄새 맡은 값을 내시오."

나그네는 기가 막혔습니다.

'아니, 이 세상에 냄새 맡은 값을 내라는 사람이 다 있군. 이 사람은 엄청난 욕심꾸러기구먼.'

"냄새를 다섯 번이나 맡았으니 다섯 냥을 내시오."

집주인은 나그네에게 손을 내밀었습니다.

나그네는 어떻게 해야 하나 고민하다가 엽전을 다섯 냥 꺼냈습니다.

㉠

"냄새 맡은 값으로 돈 소리를 들려 드렸소. 이제 됐지요?"

집주인은 다섯 냥을 눈앞에서 다시 넣어 버리는 나그네를 쳐다보며 자신의 잘못을 후회하였습니다.

3 나그네가 멈춰 선 곳(㉮)과 그 까닭(㉯)을 알맞게 짝 지은 것은 무엇인가요? (   )

① ㉮: 주막집 앞, ㉯: 갑자기 배가 너무 아파서

② ㉮: 주막집 앞, ㉯: 고깃국 냄새가 너무 좋아서

③ ㉮: 기와집 앞, ㉯: 갑자기 배가 너무 아파서

④ ㉮: 기와집 앞, ㉯: 고깃국 냄새가 너무 좋아서

⑤ ㉮: 기와집 앞, ㉯: 주머니에서 엽전을 찾아야 해서

4 집주인이 나그네에게 돈을 내라고 한 까닭으로 알맞은 것에 ○표 하세요.

(1) 나그네가 고깃국을 전부 먹었기 때문에 ························· (   )

(2) 나그네가 고깃국 냄새를 맡았기 때문에 ························· (   )

5 ㉠에 들어갈 내용을 바르게 짐작한 것은 무엇인가요? (   )

① 나그네는 엽전을 집주인의 옷 주머니에 넣어 주었습니다.

② 나그네는 엽전을 손에 쥐고 갑자기 도망을 치기 시작했습니다.

③ 나그네는 조금 더 고민을 하다가 엽전 다섯 냥을 더 꺼냈습니다.

④ 나그네는 엽전을 손에 쥐고 흔들어 쩔렁쩔렁 소리를 내었습니다.

⑤ 나그네는 집주인에게 대결에서 승리하면 돈을 주겠다고 했습니다.

6 집주인과 나그네의 성격을 알맞게 정리한 친구에게 ○표 하세요.

민건: 집주인은 신중하고 인자한 편인 것 같고, 나그네는 화를 잘 내고 이기적인 편인 것 같아.

(   )

채정: 집주인은 야박하고 욕심이 많은 편인 것 같고, 나그네는 야무지고 슬기로운 편인 것 같아.

(   )

한 문장 마무리

7 빈칸에 알맞은 말을 써서, 이 글의 내용을 정리해 보세요.

나그네는 집주인이 고깃국의 [ ][ ] 를 맡은 값을 내라고 하자, 고민을 하다가

집주인에게 엽전 [ ][ ] 를 들려주었습니다.

단위를 나타내는 말

◉ 사다리를 타고 내려가 단위를 나타내는 말을 확인해 보세요.

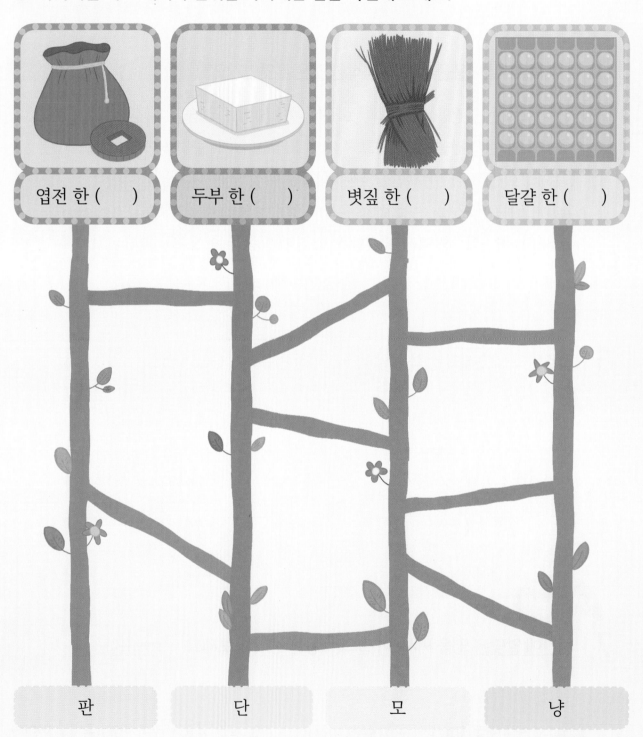

엽전 한 (　　) 두부 한 (　　) 볏짚 한 (　　) 달걀 한 (　　)

판　　　　단　　　　모　　　　냥

일이 일어난 순서 파악하기 ①

다음 사진을 일이 일어난 순서에 맞게 정리하려고 합니다. 알맞은 것을 골라 ○표 하세요.

ㄱ 아침에 공항에서 제주도로 출발했어요.

ㄴ 저녁에는 숙소 앞 해변을 걸었어요.

ㄷ 점심을 먹은 후에는 귤 따기 체험을 했어요.

ㄹ 점심으로 제주도 흑돼지 구이를 먹었어요.

사진을 일이 일어난 순서대로 정리하면 (ㄱ - ㄷ - ㄹ - ㄴ / ㄱ - ㄹ - ㄷ - ㄴ)이다.

일이 일어난 순서를 알면 이야기에서 일어난 일을 정리할 수 있고 이야기를 이해하기도 쉬워요. '오늘', '아침', '봄' 등과 같은 시간을 나타내는 말이나, 일이 일어난 장소의 변화를 파악하며 글을 읽어 보세요. 또한 '먼저'와 같은 말에 주목하여 맨 처음 일어난 일부터 순서대로 정리해 보는 것도 도움이 되어요. 함께 일이 일어난 순서를 파악해 볼까요?

다음 노랫말을 읽고, 일이 일어난 순서를 파악해 보세요.

둥근 해가 떴습니다
자리에서 일어나서
제일 먼저 이를 닦자
윗니 아랫니 닦자
세수할 때는 깨끗이
이쪽저쪽 목 닦고
밥을 먹고 인사하고 학교에 갑니다

💡 둥근 해가 뜨는 때가 언제인지 생각해 보세요.

 이 노랫말은 언제 일어난 일을 이야기하고 있나요? 알맞은 것을 찾아 선으로 이어 보세요.

| 이 노랫말은 | • | • | 아침에 일어난 일을 이야기하고 있다. |

• 저녁에 일어난 일을 이야기하고 있다.

💡 자리에서 일어나 어떤 순서로 움직였는지 생각하며 일이 일어난 순서를 파악해 보세요.

 다음 그림을 보고, 이 노랫말에서 일이 일어난 순서대로 번호를 쓰세요.

(   )

(   )

(   )

(   )

다음 일기를 읽고, 일이 일어난 순서를 파악해 보세요.

날짜: 20○○년 6월 8일 토요일	날씨: 맑음

아침 늦게 일어나 보니 엄마가 장을 보러 가시느라 집에 안 계셨다. 나는 배가 고파 냉장고에서 재료를 꺼내 샌드위치를 만들어 먹었다. 아빠는 우리랑 호수 공원에 가기로 약속했었는데 급한 일이 있으시다면서 회사로 가셨다. 나랑 오빠는 심통이 나서 입이 삐죽 나왔다.

점심때가 되자 엄마가 집에 돌아오셨다. 오빠랑 내가 장바구니에서 바나나를 꺼내 먹는 동안 엄마는 점심 식사로 국수를 준비하셨다. 점심을 먹고 나니 졸음이 쏟아져서 다 함께 낮잠을 잤다.

저녁이 되자 아빠가 약속을 지키지 못해 미안하다며 치킨을 사서 돌아오셨다. 우리는 대신 내일 동물원에 가기로 약속하고 맛있게 치킨을 나누어 먹었다.

💡 시간을 나타내는 말을 찾으면 일이 일어난 순서를 정리할 때 도움이 되어요.

☝ **이 글에서 시간을 나타내는 말을 보기에서 골라 모두 쓰세요.**

보기	아침	집	호수 공원	점심때	저녁	내일	동물원

(,   ,   ,   )

💡 아침, 점심, 저녁에 글쓴이가 한 일을 정리해 보세요.

 일이 일어난 순서대로 빈칸에 번호를 쓰세요.

국수를 먹고 낮잠을 잤다.	

샌드위치를 만들어 먹었다.	

아빠가 사 오신 치킨을 먹었다.	

표정을 나타내는 말

◯ 다음 그림을 보고, 빈칸에 들어갈 알맞은 말을 찾아 선으로 이어 보세요.

입이 (   ) 나오다.

눈물이 (   ) 맺히다.

한쪽 눈을 (   ) 감다.

삐죽

찡긋

그렁그렁

일이 일어난 순서 파악하기 ②

🌳 **다음 글을 읽고 물음에 답해 봅시다.**

첫 번째, 감자의 껍질을 벗기고 4조각으로 자르세요.

두 번째, 냄비의 물이 끓으면, 잘라 둔 감자와 함께 소금을 약간 넣고 익힙니다.

세 번째, 삶은 감자는 체에 밭쳐 물기를 빼고, 감자가 아직 뜨거울 때 그릇에 넣고 으깨 주세요.

네 번째, 으깬 감자에 당근, 오이, 마요네즈, 설탕, 소금을 넣고 골고루 섞습니다.

다섯 번째, 골고루 섞은 속 재료를 식빵 위에 올리고 그 위를 다시 식빵으로 덮어 줍니다.

마지막으로 먹기 좋게 잘라서 예쁜 접시에 담으면 샌드위치가 완성됩니다.

1 이 글에서 소개하는 샌드위치를 만들 때 필요한 재료를 네 가지 골라 ○표 하세요.

> 간장   감자   당근   레몬   식빵   오이   밀가루

2 샌드위치를 만드는 순서대로 번호를 쓰세요.

• 으깬 감자와 다른 재료들을 섞는다. ····························· (   )

• 감자의 껍질을 벗기고 4조각으로 자른다. ····················· (   )

• 냄비의 물이 끓으면 잘라 둔 감자를 넣고 익힌다. ················· (   )

• 삶은 감자를 체에 밭쳐 물기를 뺀 후 그릇에 넣고 으깬다.·········· (   )

• 속 재료를 식빵 위에 올리고 다시 식빵으로 덮어 먹기 좋게 자른다.··· (   )

🌳 **다음 글을 읽고 물음에 답해 봅시다.**

소화기는 불이 났을 때 불을 끄는 기구입니다.

그럼, 소화기는 어떻게 사용해야 할까요? 소화기 사용법에 대해 함께 알아봅시다.

먼저 소화기를 들고 불이 난 곳으로 갑니다.

불이 난 곳에 너무 가까이 다가가면 델 수 있으니 조심해야 합니다.

그리고 불이 난 곳 근처에서 안전핀을 뽑습니다. 이때 소화기의 손잡이를 누르면 안전핀이 빠지지 않으므로, 소화기의 몸체를 잡고 빼야 합니다.

그런 다음, 바람을 등지고 섭니다. 만약 바람을 등지지 않으면 소화기에서 나오는 것들이 되돌아올 수 있기 때문입니다. 바람을 등지고 선 뒤에 호스를 불 쪽으로 향하게 합니다.

끝으로 소화기의 아래 손잡이를 당겨 움켜쥐고 뿌립니다.

3 불이 났을 때 불을 끄는 기구를 무엇이라고 하는지 이 글에서 찾아 쓰세요.

4 이 글은 무엇에 대해 설명하고 있나요? (   )

① 바람을 멈추는 방법　　　　② 119에 전화하는 방법

③ 소화기를 만드는 방법　　　④ 소화기를 사용하는 방법

⑤ 안전핀을 보관하는 방법

5 소화기의 안전핀을 뽑을 때 주의해야 할 점을 알맞게 말한 친구의 이름을 쓰세요.

> 성우: 불이 난 곳 근처에서 소화기의 몸체를 잡고 빼야 해.
>
> 다혜: 불이 난 곳과 멀리 떨어진 곳에서 소화기의 손잡이를 잡고 빼야 해.

(   )

6 이 글을 읽고 수첩에 적은 내용입니다. 그림을 보고 빈칸에 들어갈 알맞은 말을 쓰세요.

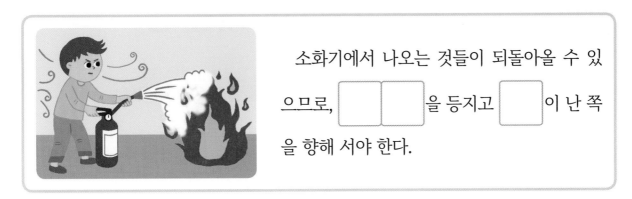

소화기에서 나오는 것들이 되돌아올 수 있<u>으므로</u>, ☐☐을 등지고 ☐이 난 쪽을 향해 서야 한다.

7 이 글에 나온 소화기의 사용 방법에 맞게 순서대로 번호를 쓰세요.

호스를 불 쪽으로 향하게 한다.	☐
아래 손잡이를 당겨 움켜쥐고 뿌린다.	☐
소화기를 들고 불이 난 곳 근처에 가서 안전핀을 뽑는다.	☐

8 빈칸에 알맞은 말을 써서, 이 글의 내용을 정리해 보세요.

이 글은 ☐☐☐를 사용하는 방법을 설명하고 있습니다.

움직임을 나타내는 말

◉ 다음 그림을 보고, 빈칸에 들어갈 알맞은 말을 골라 ○표 하세요.

미래가 학교를 (   ).

등지다   쳐다보다

별이가 내 손을 꽉 (   ).

내려놓다   움켜쥐다

뜨거운 돌솥에 손을 (   ).

데다   베다

깨끗하게 씻은 딸기를 손으로 (   ).

뭉치다   으깨다

오늘 나의 실력을 평가해 봐!

👐 부모님 응원 한마디

🌳 **다음 이야기를 읽고 물음에 답해 봅시다.**

어느 날 ㉠아침, 나흘간 아무것도 먹지 못한 배고픈 여우가 먹이를 찾고 있었습니다. 어찌나 굶주렸는지 여우의 배는 홀쭉하게 들어가 있었습니다. 먹이를 찾아 헤매던 여우는 ㉡점심때 즈음해서, 한 울타리 앞에 멈추어 섰습니다. 울타리 안쪽 양치기의 창고에서 맛있는 음식 냄새가 풍겨 오고 있었습니다. 여우는 운 좋게도 울타리 아래에서 간신히 들어갈 만한 작은 구멍 하나를 발견했습니다.

"힘들긴 하지만 배가 홀쭉해서 들어갈 수 있겠구나."

여우는 좁은 구멍으로 들어가 음식을 모조리 먹어 치웠습니다.

"아, 배부르다! ㉢밤이 다 되었으니 슬슬 밖으로 나가 볼까?"

㉣그러나 들어올 때와는 달리 여우의 배가 너무 불러서 구멍을 빠져나올 수가 없었습니다. 여우는 또다시 굶기 시작했습니다. 그리고 ㉤나흘 뒤, 배가 홀쭉해지고 나서야 구멍 밖으로 나올 수 있었습니다.

1 ㉠~㉤ 중 시간을 나타내는 말로 알맞지 <u>않은</u> 것은 무엇인가요? (   )

① ㉠   ② ㉡   ③ ㉢   ④ ㉣   ⑤ ㉤

2 일이 일어난 시간의 흐름에 맞게 순서대로 번호를 쓰세요.

• 여우는 배가 너무 불러서 구멍을 빠져나올 수가 없었다. ··········· (   )

• 나흘간 굶어 배가 홀쭉해진 여우가 먹이를 찾고 있었다. ··········· (   )

• 여우는 좁은 구멍으로 창고에 들어가 음식을 모조리 먹었다. ········ (   )

• 여우는 배가 홀쭉해지고 나서야 구멍 밖으로 나올 수 있었다. ······· (   )

🌳 **다음 글을 읽고 물음에 답해 봅시다.**

태영이는 아침 9시에 엄마, 아빠, 동생이랑 승용차를 타고 시골 할아버지 댁으로 출발하였어요. 중간에 휴게소에 들러서 잠시 쉬었어요. 12시쯤 할아버지, 할머니 댁에 도착하였어요. 할아버지, 할머니께서는 태영이네 가족을 반갑게 맞이해 주셨어요. 차에서 가져간 짐을 내리고 할머니께서 정성껏 차려 주신 점심을 맛있게 먹었어요.

오후에 태영이네 가족은 읍내 근처에서 열리고 있는 한마음 축제 구경을 갔어요. 여기저기에서 구경을 온 사람들이 많았어요. 태영이네 가족은 꽃길을 걷다가 기념사진도 찍었어요. 저녁에는 온 가족이 둘러앉아 부침개와 과일을 먹으며 즐겁게 이야기를 나누었어요.

3 태영이네 가족이 가지 <u>않은</u> 곳은 어디인가요? (   )

① 꽃길   ② 휴게소   ③ 한마음 축제
④ 읍내 사진관   ⑤ 할아버지, 할머니 댁

4 태영이와 함께 시골 할아버지 댁으로 가지 <u>않은</u> 사람을 보기 에서 모두 찾아 쓰세요.

보기	누나	동생	아빠	엄마	친구

(,   )

5 태영이네 가족이 휴게소에 들른 때는 언제인가요? (   )

① 아침 9시와 낮 12시 사이   ② 낮 12시와 저녁 사이
③ 저녁과 밤 9시 사이   ④ 밤 9시와 밤 12시 사이
⑤ 밤 12시와 아침 9시 사이

6 이 글에 쓰인 시간을 나타내는 말을 순서대로 바르게 정리한 것은 무엇인가요?

(   )

① 저녁 — 오후 — 12시쯤 — 밤
② 12시쯤 — 저녁 — 오후 — 아침
③ 아침 9시 — 12시쯤 — 오후 — 저녁
④ 오후 — 12시쯤 — 아침 9시 — 저녁
⑤ 아침 9시 — 저녁 — 오후 — 12시쯤

7 일이 일어난 순서대로 정리할 때 빈칸에 들어갈 알맞은 번호를 보기 에서 찾아 쓰세요.

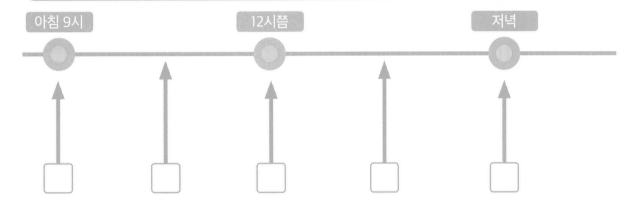

보기 ① 부침개와 과일을 먹었다.   ② 점심밥을 먹었다.
       ③ 한마음 축제 구경을 갔다.   ④ 휴게소에 들러 쉬었다.
       ⑤ 시골 할아버지 댁으로 출발했다.

| 아침 9시 | | 12시쯤 | | 저녁 |

8 알맞은 말에 ○표 하여, 이 글의 내용을 정리해 보세요.

태영이는 엄마, 아빠, 동생과 시골 할아버지, 할머니 댁에 가서 (즐거운 / 지루한) 시간을 보냈습니다.

날짜를 세는 우리말

사다리를 타고 내려가 밑줄 친 말을 가리키는 우리말을 확인해 보세요.

이레   나흘   보름   사흘

일이 일어난 순서 파악하기 ④

🌳 **다음 글을 읽고 물음에 답해 봅시다.**

> 나혜는 아침에 일어났지만 너무 졸렸습니다. 잠을 깨기 위해 찬물로 세수를 하고 학교에 갈 준비를 한 뒤 집을 나섰습니다. 학교에 간 나혜는 1교시부터 3교시까지 교실에서 수업을 듣고, 4교시는 미술실에서 그림을 그렸습니다. 수업이 끝난 뒤에는 친구들과 운동장에서 줄넘기를 하였습니다. 나혜는 집으로 돌아와 더러워진 손을 깨끗이 씻고 숙제를 하였습니다.

1 나혜가 찬물로 세수를 한 까닭으로 알맞은 것에 ○표 하세요.

너무 더워서	너무 졸려서	너무 목이 말라서
( )	( )	( )

2 나혜가 한 일과 그 일이 일어난 곳을 순서대로 정리할 때, 빈칸에 들어갈 알맞은 말을 이 글에서 찾아 쓰세요.

	나혜가 한 일	일이 일어난 곳
(1)	세수하기	( )
(2)	수업 듣기(1, 2, 3교시 수업)	( )
(3)	그림 그리기(4교시)	( )
(4)	줄넘기하기	( )
(5)	숙제하기	( )

"야호, 나도 게가 되었다!"

집게발을 단 흉내쟁이 새우는 게 동네를 찾아갔습니다.

"나도 게가 되었으니 이제 게 동네에서 살아야겠다. 어험!"

그러나 그게 아니었습니다.

"뭐라고? 이 버릇없는 놈아. 새우 주제에 어디 게 흉내를 내겠다고? 어서 물러

가지 못해?"

게 동네에서 쫓겨난 새우는 마음이 좀 언짢았습니다. 그러나 새우 마을로 들어

서며 다시 거드름을 피우기 시작하였습니다.

"어험! 이 집게발이 얼마나 멋있니? 집게발이 있는 새우는 나 하나뿐이야. 그렇

다면 이제부터 나는 새우의 왕이다."

그러나 또 그게 아니었습니다.

"어디서 흉측한 집게발을 달고 와서 까부니? 이건 새우를 망신시키고, 우리 새

우 마을의 명예를 더럽히는 짓이니 당장 쫓아내자!"

새우들이 들고 일어나 흉내쟁이 새우를 쫓아냈습니다. 게 동네에서도 새우 마

을에서도 쫓겨난, 게도 새우도 아닌 흉내쟁이는 냇물 깊숙이 소를 찾아갔습니다.

그러나 이번에는 붕어, 피라미, 송사리, 버들치, 쏘가리, 메기 등 물고기란 물고

기는 모두 모여서 흉내쟁이를 놀려 댔습니다.

한편에서 "저건 게다!" 하면 또 한편에서 "아니, 저건 새우다!" 하였습니다. 물

고기들은 어느덧 합창을 하듯 외쳐 댔습니다.

- 조장희, 「게가 되고 싶은 새우」 중에서

3 흉내쟁이 새우가 게가 되었다고 말한 까닭은 무엇인지 빈칸에 알맞은 말을 쓰세요.

게들만 가지고 있는 □□□을 달게 되어서

4 자신이 게가 되었다고 믿은 새우는 어떤 생각을 했나요? (   )

① 냇물의 왕이 되어야겠어.

② 이제 게 동네에서 살아야겠어.

③ 모든 새우들에게 집게발을 주어야겠어.

④ 새로 생긴 집게발로 친구들을 도와주어야겠어.

⑤ 게 동네와 새우 마을이 가까워지도록 노력해야겠어.

5 이 글을 읽고 나눈 대화로 알맞지 <u>않은</u> 것은 무엇인가요? (   )

① 소원: 흉내쟁이 새우는 '게 동네 – 새우 마을 – 냇물의 소' 순서로 이동했어.

② 아인: 게 동네에 간 흉내쟁이 새우는 버릇없이 게 흉내를 낸다며 쫓겨났어.

③ 시아: 게 동네에서 쫓겨난 새우는 기쁜 마음으로 새우 마을로 돌아갔어.

④ 윤호: 새우 마을에서는 마을의 명예를 더럽힌다며 흉내쟁이 새우를 쫓아냈어.

⑤ 이나: 냇물의 소에서는 물고기들이 모두 모여 흉내쟁이 새우를 놀리기 바빴어.

6 흉내쟁이 새우에게 해 줄 수 있는 말로 알맞지 <u>않은</u> 것에 X표 하세요.

있는 그대로의 자기 모습을 사랑하도록 노력해 봐.	다른 사람의 좋은 점을 발견하면 무조건 따라 해 봐.	다른 사람이 가진 것을 모두 따라 가지려고 할 필요는 없어.
☐	☐	☐

한 문장 마무리

7 빈칸에 알맞은 말을 써서, 이 글의 내용을 정리해 보세요.

흉내쟁이 새우는 ☐☐☐을 단 자신이 ☐가 되었다며 즐거워 했지만, 어느 곳에서도 그를 게로도, 새우로도 인정해 주지 않았습니다.

마음과 관련된 말

◎ 다음 그림을 보고, 문장에 어울리는 말을 골라 ○표 하세요.

비가 많이 와서 동물원에 가지 못해
기분이 (언짢다 / 행복하다).

소파에 누우면 마음이
(갑갑하다 / 편안하다).

산책 중에 본 꽃의 이름이
(궁금하다 / 미안하다).

집 앞 쓰레기를 주우니 마음이
(다급하다 / 뿌듯하다).

일이 일어난 순서 파악하기 ⑤

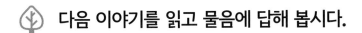 다음 이야기를 읽고 물음에 답해 봅시다.

> 옛날에 한 두더지 부부가 소중한 딸을 결혼시키려고 하였습니다.
>
> "세상에서 제일 힘이 세고 훌륭한 사윗감을 찾아야 하는데 누구일까?"
>
> "해님이지. 해님은 온 세상을 비추니까 세상에서 제일 힘이 세지."
>
> 두더지 부부는 해님을 찾아갔습니다.
>
> "세상에서 가장 힘이 센 해님, 우리 사위가 되어 주세요."
>
> "저보다 더 힘이 센 이가 있어요. 해를 가리는 구름이랍니다."
>
> 부부는 구름을 찾아갔습니다.
>
> "세상에서 가장 힘이 센 구름님, 우리 사위가 되어 주세요."
>
> "바람이 나를 날려 보낼 수 있으니 저보다 힘이 세답니다."
>
> 부부는 바람을 찾아갔습니다. 그랬더니 바람은 자신을 막아 낼 수 있는 바위가 더 힘이 세다고 하였습니다. 바위를 찾아간 부부에게 바위는 이렇게 말했습니다.
>
> "두더지가 나보다 더 세지요. 내 발밑에 땅을 파면 나는 곧 쓰러지거든요."
>
> 이 말을 들은 두더지 부부는 두더지를 찾아가 사윗감으로 맞이하였답니다.

1 이 글에서 두더지 부부가 찾아가 만난 사윗감을 순서대로 빈칸에 번호를 쓰세요.

① 구름	② 바람	③ 바위	④ 해님	⑤ 두더지

(   ) → (   ) → (   ) → (   ) → (   )

다음 이야기를 읽고 물음에 답해 봅시다.

어느 날 아침 일찍 일어난 부지런한 농사꾼이 괭이로 밭을 파 일구고 있었습니다. 그러다가 밭에 묻혀 있던 커다란 항아리를 하나 발견하게 되었습니다.

"낡은 항아리로군. 농기구나 넣어 놓아야겠네."

농사꾼은 항아리 속에 괭이를 넣어 집으로 가져왔습니다. 이튿날 아침에 일하러 가려고 항아리 안을 보니 항아리가 괭이로 가득 차 있는 것이었습니다.

"그것참 신기한 항아리로군."

농사꾼은 이번에는 엽전 한 닢을 항아리 안에 넣어 보았습니다. 그러자 신기하게도 항아리가 엽전으로 가득 찼습니다.

며칠 뒤, 소문을 듣게 된 욕심 많은 원님은 샘이 나서 견딜 수가 없었습니다. 원님은 농사꾼을 불러 밭에서 캔 주인 없는 항아리는 자신의 것이라며 가져가 버렸습니다. 싱글벙글 신이 난 원님은 항아리를 창고 안에 고이 모셔 두고 잠을 자러 갔습니다.

그날 밤 잔칫집에 갔다가 돌아온 원님의 아버지가 창고에 들어갔다가 못 보던 항아리가 놓여 있는 것을 보았습니다. 원님의 아버지는 안에 무엇이 들었나 궁금하여 고개를 들이밀고 항아리 안을 쳐다보다가 그만 항아리 속에 쏙 빠지고 말았습니다.

㉠

2 농사꾼이 밭에서 발견한 것은 무엇인가요? (   )

① 괭이　　　② 엽전　　　③ 원님　　　④ 농기구　　　⑤ 항아리

3 항아리가 가진 신기한 능력은 무엇인가요? (   )

① 물건을 창고로 보내는 능력　　　② 물건을 작아지게 하는 능력
③ 농사가 저절로 되게 하는 능력　　　④ 똑같은 항아리를 많이 만드는 능력
⑤ 항아리에 넣은 것을 많이 만드는 능력

4 일이 일어난 순서대로 빈칸에 번호를 쓰세요.

(1) (　　　　)

(2) (　　　　)

(3) (　　　　)

(4) (　　　　)

5 ㉠에 들어갈 내용으로 가장 알맞은 것은 무엇일까요? (　　　　)

① 원님의 아버지가 많아져서 난리가 났습니다.

② 농사꾼은 항아리 속에 들어가서 울었습니다.

③ 농사꾼의 아버지가 많아져서 난리가 났습니다.

④ 원님은 항아리 속에 돈을 넣어 부자가 되었습니다.

⑤ 원님은 항아리 속에 괭이를 넣어 부자가 되었습니다.

6 빈칸에 알맞은 말을 써서, 이 글의 내용을 정리해 보세요.

농사꾼이 밭에서 신기한 [　][　][　] 를 발견하였다는 소문을 듣고 샘이 난

[　][　] 이 항아리를 가져가 버렸습니다.

'-꾼'이 들어간 말

○ 다음 그림을 보고, '-꾼'이 들어간 말을 따라 쓰세요.

그는 소문난 | 농 | 사 | 꾼 | 이다.

민하는 타고난 | 씨 | 름 | 꾼 | 이다.

그녀는 판소리를 잘하는 | 소 | 리 | 꾼 |

이다.

'- | 꾼 | '은 '어떤 일을 전문적으로 하는 사람'이라는 뜻을 더하는 말입니다.

오늘 나의 실력을 평가해 봐!

부모님 응원 한마디

5주 1일 말의 재미 알기 ①

🌰 도전을 성공하기 위해 현우가 말해야 하는 낱말을 골라 ○표 하세요.

이 도전만 성공하면 2학년 1반 친구들이 상품을 받을 수 있습니다!

마지막 도전
첫 글자로 말 잇기 놀이

제한 시간은 1분입니다. 여러분 준비되었나요?

마지막 도전
첫 글자로 말 잇기 놀이

네!

자동차

자랑

자두

자연

?

현우

현우는 (다리 / 자리)라고 말해야 합니다.

말을 주고받으며 하는 놀이를 '말놀이'라고 해요. 위와 같은 첫 글자로 말 잇기 놀이 외에 끝말잇기, 수수께끼, 주고받는 말놀이, 말 덧붙이기 놀이 등을 통해 말의 재미를 느낄 수 있어요. 또 글 속에 나타나는 흉내 내는 말이나 반복되는 말 등을 통해서도 말의 재미를 알 수 있지요. 이제 말의 재미를 느끼며 상상력과 창의력을 길러 볼까요?

1 다음 노랫말을 읽고, 말의 재미를 알아보세요.

사과는 빨개

사과는 빨개	아기는 귀여워
빨가면 딸기	귀여운 것은 곰 인형
딸기는 작아	곰 인형은 포근해
작은 것은 아기	포근하면 봄

 이 노랫말에서 알 수 있는 말놀이를 바르게 설명한 것에 ◯표 하세요.

(1) 첫 글자가 같은 말을 이어 가는 놀이이다. ･････････････････････ (   )

(2) 말의 꽁지를 따서 다음 말을 이어 가는 놀이이다. ･･･････････････ (   )

(3) '사진 → 진실 → 실수'와 같은 방법으로 하는 놀이이다. ････････ (   )

 💡 끝말잇기는 낱말의 마지막 글자를 새로운 낱말의 첫 글자로 이어 가는 말놀이입니다.

이 노랫말과 같은 말놀이를 '꽁지 따기 말놀이'라고 하고, 보기 와 같은 말놀이를 '끝말 잇기'라고 합니다. 두 말놀이를 바르게 비교한 것에 ◯표 하세요.

꽁지 따기 말놀이와 끝말잇기는 글자의 소리와 뜻을 이용한 말놀이야. 두 놀이 모두 앞 낱말과 뒤에 오는 낱말의 뜻이 연결돼.	꽁지 따기 말놀이는 앞에 있는 낱말이 바로 뒤에 이어지는 말놀이고, 끝말잇기는 앞 낱말의 끝 글자로 새로운 낱말을 이어 가는 말놀이야.
( )	( )

2 다음 시를 읽고, 말의 재미를 알아보세요.

귀뚜라미

최승호

라미 라미
맨드라미

라미 라미
쓰르라미

맨드라미 지고
귀뚜라미 우네

가을이라고
가을이 왔다고 우네

라미 라미
동그라미

동그란
보름달

 이 시를 읽고 재미가 느껴지는 말을 찾았습니다. 보기 의 낱말들을 통해 재미를 느낄 수 있는 까닭으로 알맞은 것에 ○표 하세요.

보기	맨드라미	쓰르라미	귀뚜라미	동그라미

(1) '귀뚜라미'나 '동그라미'가 익숙한 말이기 때문이다. ············· (   )
(2) '라미'라는 말이 반복되면서 즐거움을 주기 때문이다.············· (   )

 '재미있는 말'에 대해 바르게 말한 친구의 이름을 쓰세요.

> 나연: 글에서 자주 나오는 낱말을 모두 찾으면 돼. 그런 게 '재미있는 말'이야.
> 승찬: '재미있는 말'은 반복되는 말이나 흉내 내는 말처럼 읽거나 들으면 즐거움
>   을 주는 말이야.

(   )

계절별 꽃의 이름

◎ 사다리를 타고 내려가 각 계절에 피는 꽃의 이름을 확인해 보세요.

| 봄 | 여름 | 가을 | 겨울 |

동백꽃　　　튤립　　　코스모스　　　맨드라미

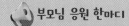

말의 재미 알기 ❷

🌳 다음 노랫말을 읽고 물음에 답해 봅시다.

꼬부랑 할머니

꼬부랑 할머니가 꼬부랑 고갯길을
꼬부랑꼬부랑 넘어가고 있네.

꼬부랑 할머니가 꼬부랑 길에 앉아
꼬부랑 엿가락을 살며시 꺼냈네.

꼬부랑꼬부랑 꼬부랑꼬부랑
고개는 열두 고개 고개를 고개를 넘어간다.

1 이 노랫말을 읽고 알맞게 말하지 <u>못한</u> 친구의 이름을 쓰세요.

연진: 글자 수가 같은 말들이 나와서 읽을 때 리듬감이 느껴져 재미있었어.

민재: '꼬부랑꼬부랑'이라는 말이 반복되어 나와서 노래하는 기분이 들었어.

기현: 흉내 내는 말 덕분에 할머니가 꼿꼿한 엿가락을 꺼내는 모습이 더욱 생생
하게 느껴졌어.

윤아: 꼬부라진 모습을 '꼬부랑'이라고 표현하니 구불구불한 산길의 모습이 떠
올라 재미있었어.

(   )

🌳 **다음 노랫말을 읽고 물음에 답해 봅시다.**

오랑께롱 간께롱

오랑께롱 간께롱

㉠ 떡 먹은께롱 달랑께롱

준께롱 먹은께롱

맛있는께롱 더 달랑께롱

안 준께롱 운께롱

더 준께롱 뚝 그친께롱

께롱 께롱 께롱 께롱

– 편해문, 「께롱께롱 놀이 노래」 중에서

2 **이 노랫말에 대한 설명으로 가장 알맞은 것은 무엇인가요? (   )**

① 두 사람이 묻고 답하면서 말을 주고받고 있다.

② 같은 글자로 시작하는 낱말들을 이어 가고 있다.

③ 말의 끝을 같게 해서 두 사람의 대화를 엮고 있다.

④ 비슷한 것을 떠올려서 말의 꽁지를 이어 가고 있다.

⑤ 떡의 이름과 비슷한 소리가 나는 낱말을 보여 주고 있다.

3 **이 노랫말에서 ㉠'떡 먹은께롱 달랑께롱'의 뜻은 무엇인가요? (   )**

① 떡 먹는다, 떡을 달라.

② 떡 먹어라, 떡 맛이 달다.

③ 떡을 먹으니까 기분이 좋다.

④ 떡 먹었다, 떡이 다 떨어졌다.

⑤ 떡 먹고 싶다, 떡이 달랑 1개 남았다.

4 이 노랫말에서 반복되면서 재미를 느끼게 하는 부분을 찾아 빈칸에 쓰세요.

☐ ☐

5 이 노랫말의 내용을 알맞게 짝 지어 선으로 이어 보세요.

떡이 맛있다.	•	•	울었다.
떡을 안 준다.	•	•	울음을 뚝 그쳤다.
떡을 더 주었다.	•	•	떡을 더 달라.

6 이 노랫말의 규칙을 지켜 보기의 내용으로 말놀이를 하였습니다. 알맞은 것에 ○표 하세요.

> 보기 떡을 빼앗았다. 화가 났다.

| 떡 빼앗은께롱
화난께롱 | 떡을 빼앗았다께롱
화가 났다께롱 |
| ( ) | ( ) |

한 문장 마무리

7 빈칸에 알맞은 말을 써서, 이 노랫말의 특징을 정리해 보세요.

두 사람이 '☐ ☐' 이라는 말을 반복하면서 대화를 주고받고 있습니다.

꾸여 주는 말

◯ 다음 그림을 보고, 빈칸에 들어갈 알맞은 말을 골라 ◯표 하세요.

짝꿍에게 사탕을 (　　　) 건네주었다.

살며시　　　요란히

작아진 장갑을 (　　　) 손에 꼈다.

도저히　　　억지로

천둥소리에 (　　　) 놀라 잠에서 깼다.

가만히　　　화들짝

호박들이 담을 따라 (　　　) 늘어서 있다.

홀로　　　줄줄이

5주 2일
정답 확인

오늘 나의 실력을 평가해 봐! 　 부모님 응원 한마디

말의 재미 알기 ❸

🌳 다음 시를 읽고 물음에 답해 봅시다.

도토리

유성윤

때굴때굴 도토리
어디서 왔나?

단풍잎 곱게 물든
산골서 왔지.

때굴때굴 도토리
어디서 왔나?

다람쥐 한눈팔 때
굴러서 왔지.

1 이 시에 나온 '재미있는 말'은 무엇인가요? 알맞은 것에 ○표 하세요.

다람쥐	단풍잎	때굴때굴
( )	( )	( )

2 이 시에서 재미를 느낄 수 있는 까닭을 바르게 이야기한 친구에게 ○표 하세요.

하린: 한 사람이 다람쥐에게 다양한 질문을 하고 있기 때문이야.

( )

민율: 흉내 내는 말과 묻고 답하는 표현이 반복되고 있기 때문이야.

( )

🌱 다음 노랫말을 읽고 물음에 답해 봅시다.

> 머리끝에 오는 잠 살금살금 내려와
> ㉠눈썹 밑에 모여들어 깜빡깜빡 스르르르
> 귀밑으로 오는 잠 살금살금 내려와
> 눈썹 밑에 모여들어 깜빡깜빡 스르르르
> 우리 아기 잠드네 쌔근쌔근 잠드네
> 워리 자장 워리 자장 우리 아기 잠드네

3 이 노래를 부르는 상황으로 가장 알맞은 것은 무엇인가요? (　　　　)

① 아기를 재울 때　　　　　② 아기와 외출할 때

③ 아기와 함께 놀 때　　　　④ 아기가 배고파서 울 때

⑤ 아기가 잠을 푹 자고 일어났을 때

4 ㉠에서 눈썹 밑에 모여드는 것은 무엇인지 빈칸에 쓰세요.

☐

5 '깜빡깜빡 스르르르'는 어떤 모습을 표현한 말인지 빈칸에 알맞은 말을 쓰세요.

> 잠이 와서 ☐이 감기는 모습

6 이 노랫말을 읽고 떠오르는 장면을 <u>잘못</u> 말한 것은 무엇인가요? (   )

① 아기가 눈을 조금씩 감는 모습이 떠올라.

② 아기가 스르르 잠이 드는 모습이 떠올라.

③ 할머니가 아기에게 자장가를 불러 주고 있는 것 같아.

④ 엄마 품에 안겨 잠이 들기 직전의 아기 모습이 떠올라.

⑤ 아기가 눈을 크게 뜨고 강아지를 쳐다보는 모습이 떠올라.

7 이 노랫말에 나온 모양이나 소리를 흉내 내어 재미를 느끼게 하는 말을 보기 에서 세 가지 찾아 ○표 하세요.

| 보기 | 오는 | 잠 | 살금살금 | 깜빡깜빡 | 쌔근쌔근 | 아기 |

8 이 노랫말에서 재미를 느낄 수 있는 까닭이 <u>아닌</u> 것은 무엇인가요? (   )

① '머리끝'이라는 낱말이 여러 번 나오기 때문에

② 여러 가지 모습을 흉내 내는 말이 나오기 때문에

③ 글자 수가 같은 말들이 있어서 리듬감이 느껴지기 때문에

④ '깜빡깜빡'과 '스르르르'에서 같은 소리가 반복되기 때문에

⑤ 잠이 몰려오는 모습을 '살금살금'이라고 재치 있게 표현했기 때문에

9 알맞은 말에 ○표 하여, 이 노랫말의 특징을 정리해 보세요.

> 아기를 (깨울 / 재울) 때 부르는 노래로, 재미있는 말을 다양하게 사용해서 표현했습니다.

재미있는 어휘 놀이터

‘잠’과 관련된 우리말

다음 그림과 낱말의 뜻을 보고, 잠과 관련된 우리말을 따라 쓰세요.

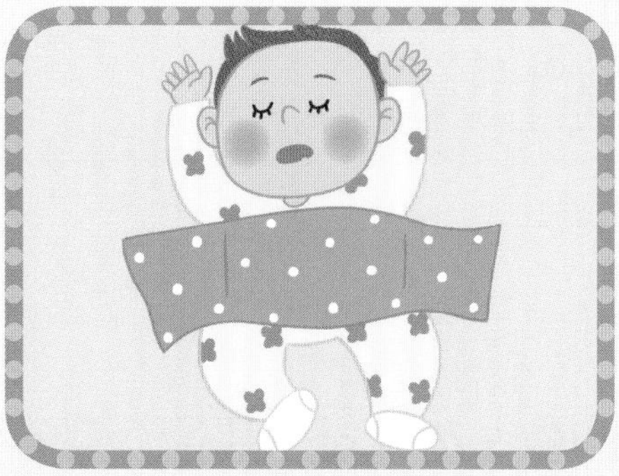

아기가 나 비 잠 을 잔다.

↳ 갓난아이가 두 팔을 머리 위로 벌리고 자는 잠

소파 위에서 새 우 잠 을 잤다.

↳ 마치 새우처럼 몸을 구부리고 불편하게 자는 잠

열 명이서 좁은 방 한 칸에 옹기종기 모여 갈 치 잠 을 잤다.

↳ 비좁은 방에서 여럿이 옆으로 끼어 자는 잠

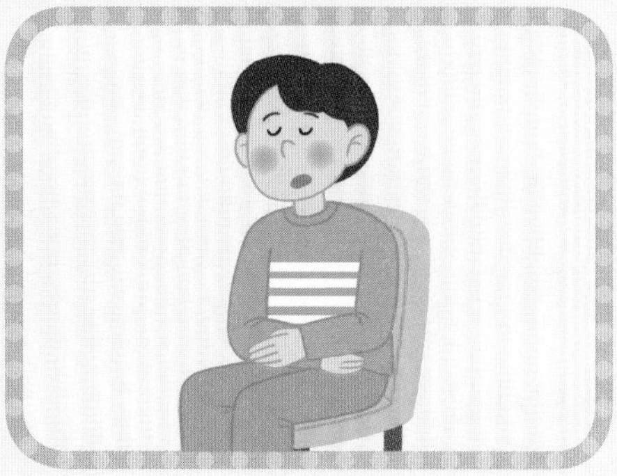

의자에 앉아 말 뚝 잠 이 들었다.

↳ 꼿꼿이 앉은 채로 자는 잠

5주 3일 정답 확인

오늘 나의 실력을 평가해 봐!

부모님 응원 한마디

말의 재미 알기 ❹

🌳 다음 만화를 보고 물음에 답해 봅시다.

1 ㉠에 들어갈 말놀이의 이름으로 알맞은 것을 골라 ○표 하세요.

(꽁지 따기 말놀이 / 말 덧붙이기 놀이)

2 이 말놀이의 규칙에 맞게 ㉡에 들어갈 말은 무엇인가요? (   )

① 그네   ② 시소   ③ 정글짐   ④ 미끄럼틀   ⑤ 회전목마

3 만화에서 하고 있는 말놀이에 대한 설명으로 <u>틀린</u> 것은 무엇인가요? (   )

① 소리가 비슷한 낱말을 말해야 한다.
② 놀이터와 관련된 낱말을 말해야 한다.
③ 상대방이 말한 낱말을 잘 기억해야 한다.
④ 앞에서 나온 말에 새로운 말을 덧붙여야 한다.
⑤ 두 사람이 번갈아 가며 말놀이에 참여해야 한다.

다음 이야기를 읽고 물음에 답해 봅시다.

옛날 어느 시골에 어린아이가 있었습니다. 아이는 추석에 큰집에서 차례를 지내고 난 떡을 가지고 집으로 가는 길이었습니다.

'아, 이 떡 정말 맛있겠다!'

그때, 도적 떼가 나타났습니다.

"이놈, 손에 든 게 뭐냐?"

"떡이옵니다."

도적 떼의 두목은 떡을 빼앗아 반을 잘라 먹고,

"이것이 반달떡이다."

하고 주었습니다. 아이가 그걸 받아 가려고 하자, 나머지 반을 빼앗아 삼켰습니다.

㉠"이게 바로 꿀떡이다."

4 이 글에 등장하는 인물을 알맞게 짝 지은 것은 무엇인가요? (   )

① 도적 떼, 떡장수
② 어린아이, 떡장수
③ 어린아이, 도적 떼의 두목
④ 떡장수, 도적 떼, 큰집 식구들
⑤ 어린아이, 도적 떼, 큰집 식구들

5 도적 떼의 두목이 "이것이 반달떡이다."라고 말한 까닭은 무엇인가요? (   )

① 도적 떼가 반달떡을 좋아하기 때문에
② 원래 반달 모양으로 만들었기 때문에
③ 추석에 먹는 떡이 반달떡이기 때문에
④ 떡의 반을 잘라 먹어서 반달 모양이 되었기 때문에
⑤ 떡의 이름이 반달떡이라는 것을 알려 주려고 했기 때문에

6 다음 그림을 보고, 일이 일어난 순서에 알맞게 번호를 쓰세요.

(1) (　　　)

(2) (　　　)

(3) (　　　)

(4) (　　　)

7 도적 떼의 두목이 ㉠처럼 이야기한 까닭을 알맞게 말한 친구의 이름을 쓰세요.

> 예지: 두목이 떡을 삼키자마자 그의 입속 가득히 꿀이 줄줄 새어 나왔기 때문에, '꿀이나 설탕을 넣어서 만든 떡'이라는 뜻으로 꿀떡이라고 말한 거야.

> 승민: 두목이 어린아이가 받아 가려고 한 떡을 한꺼번에 삼켜 버렸기 때문에 '음식물을 목구멍으로 한꺼번에 삼키는 모양'이라는 뜻으로 꿀떡이라고 말한 거야.

(　　　　　　)

 한 문장 마무리

8 빈칸에 알맞은 말을 써서, 이 글의 내용을 정리해 보세요.

> 도적 떼의 □□이 어린아이의 □을 빼앗아 먹었습니다.

'떡'과 관련된 속담

○ 다음 그림을 보고, '떡'과 관련된 속담의 알맞은 뜻을 찾아 선으로 이어 보세요.

누워서 떡 먹기

·

· 어떤 일이 매우 쉽고
간단하다는 말

남의 손의 떡은 커 보인다

·

· 아무리 마음에 들어도
이용할 수 없거나
차지할 수 없는 경우를
이르는 말

보고 못 먹는 것은 그림의 떡

·

· 내 것보다 남의 것이 더
좋아 보이고, 내 일보다
남의 일이 더 쉬워
보임을 이르는 말

5주 5일

말의 재미 알기 **5**

🌳 **다음 대화를 읽고 물음에 답해 봅시다.**

> 토끼: 나무님, 저에게 솔방울을 좀 주시겠어요? 동그란 모양이 참 예쁘군요.
>
> 소나무: 나하고 '끝말잇기 놀이'를 해서 이긴다면 주도록 하마.
>
> 토끼: 좋아요.
>
> 소나무: 그러면 시작하마. 기지개!
>
> 토끼: 개학식!
>
> 소나무: 식목일!

1 **토끼와 소나무의 대화에 나타난 끝말잇기 놀이의 순서대로 번호를 쓰세요.**

- 시작하는 사람이 하나의 낱말을 말한다. ························· (   )
- 같은 방법으로 번갈아서 낱말을 계속 이어 가며 말한다. ············ (   )
- 앞사람이 말한 낱말의 끝 글자로 시작하는 낱말을 말한다. ·········· (   )

2 **토끼와 소나무가 끝말잇기 놀이를 이어 나갈 때, 빈칸에 들어갈 낱말로 알맞은 것은 무엇인가요? (   )**

> 식목일 ⇨ (   ) ⇨ (   )

① (식생활) ⇨ (생명체)   ② (식용유) ⇨ (식탁보)

③ (목걸이) ⇨ (이야기)   ④ (일기장) ⇨ (장난감)

⑤ (일회용) ⇨ (일요일)

다음 이야기를 읽고 물음에 답해 봅시다.

　어느 날, 호랑이와 사자가 서로 자신이 동물의 왕이 되어야 한다며 으르렁대고 있었습니다. 힘과 지혜가 비슷해서 주변의 동물들도 어느 편을 들어야 할지 갈팡질팡하고 있었습니다. 그때 오소리가 좋은 방법을 생각해 냈습니다.

　"호랑이님, 사자님! 수수께끼를 내서 답을 맞히는 동물이 왕이 되는 게 어떻겠어요?"

　호랑이와 사자는 서로 노려보며 좋다고 말하였습니다. 지나가던 두더지가 수수께끼를 내기로 하였습니다.

　"흠흠! 내가 아는 수수께끼가 많소만, 좀 쉬운 것으로 내도록 하겠소이다."

　"어허! 어서 문제나 내시오. 문제를 내자마자 턱 하고 맞힐 테니⋯⋯."

　호랑이가 재촉하였습니다.

　"길고 짧은 것은 대어 봐야 알지."

　사자도 한마디 하였습니다.

　"알겠소이다. 계절에 상관없이 항상 피는 꽃은 무엇이오?"

　두더지가 문제를 내자 자신만만하던 호랑이와 사자는 당황하였습니다. 사자는 고개를 살래살래 흔들며 말하였습니다.

　"항상 피어 있는 꽃이 있었나? 나는 보지 못하였는데⋯⋯."

　두더지는 한심한 듯이 호랑이와 사자를 쳐다보며,

　"그럼, 이 문제는 어떻소? ㉠항상 집을 등에 지고 다니는 것은 무엇이오?"

　라고 말했습니다. 그러자 호랑이는 정말 이상하다는 듯이 말하였습니다.

　"동물들은 넓은 들이 집이나 마찬가지인데, 들을 등에 지고 다니다니?"

　두더지는 두 동물을 보며 말하였습니다.

　"쯧쯧, 이런 문제 하나 못 맞히는 동물이 왕 노릇은 잘하겠소?"

　두더지는 둘 다 왕은 못 되겠다며 후다닥 땅속으로 들어가 버렸습니다.

3 이 글에서 호랑이와 사자는 어떤 인물인가요? (   )

① 겸손하다.   ② 지혜롭다.   ③ 꾀가 많다.

④ 부끄러움을 탄다.   ⑤ 자신을 지나치게 믿는다.

4 두더지가 한 일은 무엇인가요? (   )

① 수수께끼 문제를 냈다.   ② 동물의 왕을 정해 주었다.

③ 왕에게 지혜를 빌려주었다.   ④ 자신의 지혜를 뽐내려고 하였다.

⑤ 왕이 갖추어야 할 것을 알려 주었다.

5 ㉠의 답으로 알맞은 것은 무엇인가요? (   )

① 뱀   ② 개미   ③ 너구리   ④ 달팽이   ⑤ 호랑이

6 이 글을 다 읽은 후, 호랑이와 사자에게 해 줄 수 있는 말에 ○표 하세요.

꽃과 동물이 왜 땅에 사는지 그 까닭을 공부해야 수수께끼 문제를 풀 수 있어.

백과사전에는 모든 지식이 담겨 있으니까 항상 들고 다니면서 읽어 봐.

수수께끼를 풀 때는 말 그대로만 생각하지 말고, 무엇에 빗대었는지 특징을 살펴봐.

한 문장 마무리

7 빈칸에 알맞은 말을 써서, 이 글의 내용을 정리해 보세요.

호랑이와 사자 중 □□□□ 의 답을 맞히는 동물이 왕이 되기로 하

였으나, 둘 다 □□□ 가 낸 문제를 맞히지 못했습니다.

헷갈리는 말

○ 보기 를 보고, 빈칸에 들어갈 알맞은 말을 골라 ○표 하세요.

> 보기
> • 맞추다: 서로 떨어져 있는 부분을 제자리에 맞게 대어 붙이다.
> • 맞히다: 문제에 대한 옳은 답을 대다.
> • 마치다: 어떤 일이나 과정, 절차를 끝내다.

오누이가 사이좋게 퍼즐을 (   ).

맞추다   맞히다   마치다

종이 울렸으니 수업을 끝내자.

선생님이 서둘러 수업을 (   ).

맞추다   맞히다   마치다

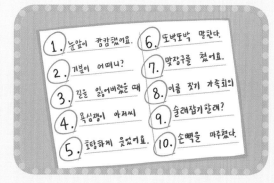

받아쓰기 열 문제를 모두 (   ).

맞추다   맞히다   마치다

오늘 나의 실력을 평가해 봐!   부모님 응원 한마디

글쓴이의 의견과 까닭 파악하기 ①

현이가 태권도를 배우고 싶은 까닭으로 알맞은 것을 골라 ○표 하세요.

(친구들이 많이 다니기 / 멋진 도복을 입을 수 있기) 때문입니다.

글쓴이나 인물이 어떤 대상에게 지니는 생각을 '의견', 그렇게 생각한 이유를 '까닭'이라고 해요. 의견을 전달할 때는 그렇게 생각한 까닭도 함께 전달해야 하지요. 자신의 의견을 적절한 까닭과 함께 전달하면 다른 사람이 쉽게 이해할 수 있어요. 이제 글 속에 드러난 글쓴이나 인물의 의견과 까닭을 바르게 파악하여, 전달하려는 내용이 무엇인지 알아볼까요?

1 다음 글을 읽고, 글쓴이의 의견과 까닭을 파악해 보세요.

우리는 고운 말을 사용해야 합니다. 고운 말은 듣는 사람의 기분을 좋게 해 줍니다. 내가 고운 말을 써서 이야기하면, 그 말을 들은 사람도 기분이 좋아져서 고운 말로 대답해 줄 것입니다. 또 친구와 고운 말로 대화를 나누다 보면 사이가 더욱 좋아질 수 있습니다. 따라서 우리는 항상 고운 말을 쓰려고 노력해야 합니다.

 💡 글쓴이의 생각을 찾아보세요. 보통 '~해야 한다.', '~하자.', '~라고 생각합니다.'와 같이 표현되어 있습니다.
빈칸을 채워 글쓴이의 의견을 완성해 보세요.

우리는 [ ][ ][ ] 을 사용해야 한다.

 💡 까닭은 글쓴이가 그렇게 생각한 이유를 말해요. 의견을 먼저 찾으면 까닭도 보일 거예요.
글쓴이의 의견에 대한 까닭으로 알맞은 것을 두 가지 골라 ○표 하세요.

고운 말은 듣는 사람의 기분을 좋게 해 준다. □	고운 말을 쓰면 친구와 사이가 더욱 좋아질 수 있다. □	고운 말을 쓰면 내가 하고 싶은 말을 더 빨리 말할 수 있다. □

 의견과 까닭에 대해 알맞게 이야기한 친구의 이름을 쓰세요.

우진: '의견'은 글쓴이나 인물이 어떤 대상에게 지니는 생각을 말해. 그리고 왜 그렇게 생각했는지가 바로 '까닭'이야.
은수: 어떤 대상에 대한 모든 사람의 '의견'은 똑같아. 하지만 왜 그렇게 생각했는지 그 '까닭'은 모두 달라.

( )

2 다음 글을 읽고, 글쓴이의 의견과 까닭을 파악해 보세요.

> 숙제를 할 때 다른 사람의 도움을 받으려는 친구들이 있습니다. 하지만 도움을 계속 받으면 혼자서는 숙제를 할 수 없게 됩니다. 숙제를 자기 힘으로 해결해 나가면서 우리는 많은 것들을 공부하고 배울 수 있습니다. 또 스스로 공부하는 힘도 기를 수 있게 됩니다. 따라서 숙제는 자기 힘으로 해야 한다고 생각합니다.

 💡 글쓴이의 의견은 글의 가장 앞에 나오는 경우가 많지만, 그렇지 않은 경우도 있으므로 글을 꼼꼼히 읽어 보세요.

글쓴이의 의견으로 알맞은 것에 ○표 하세요.

공부를 열심히 해야 한다.	숙제는 자기 힘으로 해야 한다.	항상 다른 사람의 도움을 받아 숙제를 해야 한다.
( )	( )	( )

 글쓴이의 의견에 대한 까닭으로 알맞은 것을 세 가지 고르세요. (,   ,   )

① 숙제를 스스로 하면 많은 양의 숙제도 빨리 끝낼 수 있다.
② 숙제를 자기 힘으로 해결하면서 많은 것들을 공부할 수 있다.
③ 숙제를 자기 힘으로 하면 스스로 공부하는 힘을 기를 수 있다.
④ 혼자서 해결할 수 없는 문제도 도움을 받으면 쉽게 풀 수 있다.
⑤ 다른 사람의 도움을 계속 받다 보면 혼자서는 숙제를 할 수 없게 된다.

 의견과 까닭에 대해 알맞게 말한 것에 ○표 하세요.

(1) 의견이 알맞으면 까닭은 알맞지 않아도 내 생각을 전달할 수 있어. ···· (   )

(2) 의견을 적절한 까닭과 함께 말하면 다른 사람이 내 생각을 조금 더 쉽게 이해할 수 있어. ·· (   )

뜻이 비슷한 말

◎ 다음 그림을 보고, 밑줄 친 낱말과 뜻이 비슷한 말을 찾아 선으로 이어 보세요.

어려운 문제를 <u>해결하다</u>.

·

· 풀다

아이가 한글을 <u>배우다</u>.

·

· 애쓰다

줄넘기를 하려고 <u>노력하다</u>.

·

· 학습하다

  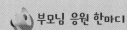

글쓴이의 의견과 까닭 파악하기 ②

6주 2일

🌳 **다음 글을 읽고 물음에 답해 봅시다.**

음식이 만들어져 우리 식탁으로 오기까지 많은 사람의 노력이 필요합니다. 음식에는 요리하는 사람, 요리에 쓰이는 재료를 키우거나 만드는 사람 등 많은 사람의 노력이 담겨 있습니다. 먹기 싫다고 음식을 마구 버리는 것은 그분들의 노력을 버리는 것과 마찬가지입니다. 따라서 우리는 음식을 함부로 버리지 않도록 노력해야 합니다.

1 글쓴이의 의견과 까닭에 해당하는 것끼리 짝 지어 선으로 이어 보세요.

의견	까닭
음식을 먹기 전에 감사 인사를 합시다.	음식을 함부로 버리는 사람이 많기 때문에
많은 사람의 노력을 담아 음식을 만듭시다.	음식에는 많은 사람의 노력이 담겨 있기 때문에
음식을 함부로 버리지 않도록 노력합시다.	먹기 싫은 음식을 먹다가 탈이 날 수 있기 때문에

다음 이야기를 읽고 물음에 답해 봅시다.

고양이가 날마다 쥐를 잡아 가자 할아버지 쥐가 가족회의를 열었습니다.

"어제 또 우리 가족이 고양이에게 잡혀갔단다. 더 이상 우리 가족을 잃을 수는 없어. 도대체 어떻게 하면 좋을까?"

모두 좋은 방법이 떠오르지 않았습니다.

그때 첫째 쥐가 말했습니다.

"이사를 가면 어때요? 이웃 마을에는 고양이가 없을 거예요."

그러자 둘째 쥐가 말했습니다.

"이삿짐 싸기가 힘들잖아요. 차라리 한 명씩 돌아가며 망을 보면 어때요?"

가만히 듣고 있던 셋째 쥐가 말했습니다.

"고양이 목에 방울을 달면 어때요? 고양이가 올 때마다 소리가 나니까 빨리 도망갈 수 있잖아요."

2 할아버지 쥐가 가족회의를 연 까닭은 무엇인가요? (   )

① 고양이가 쥐를 좋아하는 까닭을 알고 싶어서
② 고양이 때문에 가족들이 서로를 미워하게 되어서
③ 고양이를 다른 곳에서 데려올 방법을 찾기 위해서
④ 고양이 때문에 가족을 잃지 않을 방법을 찾기 위해서
⑤ 고양이에게 잡혀간 쥐를 구해 올 방법을 찾기 위해서

3 첫째 쥐가 이사를 가자고 한 까닭은 무엇인가요? (   )

① 쥐들이 사는 집이 오래되어 낡았기 때문에
② 쥐들은 고양이보다 이사를 자주 다니기 때문에
③ 옆집에 사는 쥐들이 매일 시끄럽게 떠들기 때문에
④ 이웃 마을에는 쥐들의 먹이가 많을 것이기 때문에
⑤ 이웃 마을에는 쥐들을 잡아 가는 고양이가 없을 것이기 때문에

4 둘째 쥐가 첫째 쥐의 의견에 어떤 문제점이 있다고 하였나요? (   )

① 이삿짐을 싸다가 고양이가 나타날 수도 있다.
② 이사를 어디로 해야 할지 결정을 하지 못했다.
③ 이사를 가기 위해 이삿짐을 싸는 것이 힘들다.
④ 이삿짐을 옮기려면 고양이의 도움이 필요하다.
⑤ 이웃 마을에 빈집이 없어서 이사를 갈 수 없다.

5 다음 의견과 그 의견을 말한 쥐를 짝 지어 선으로 이어 보세요.

| 고양이 목에 방울을 달자. | • | | • | 둘째 쥐 |

| 한 명씩 돌아가며 망을 보자. | • | | • | 셋째 쥐 |

6 셋째 쥐가 자신의 의견에 대해 든 까닭에 맞게 빈칸에 알맞은 말을 쓰세요.

고양이가 올 때마다 [ ][ ] 소리가 나니까 빨리 [ ][ ]을 갈 수 있다.

한 문장 마무리

7 빈칸에 알맞은 말을 써서, 이 글의 내용을 정리해 보세요.

[ ][ ][ ] 와 관련된 문제를 해결하려고 쥐들이 가족회의를 하였습니다.

움직임을 나타내는 말

○ 다음 그림을 보고, 움직임을 나타내는 말을 보기 에서 골라 빈칸에 알맞게 쓰세요.

보기	달다	싸다	닦다	차다

상자에 이삿짐을 ☐☐.

손목에 시계를 ☐☐.

방바닥을 걸레로 ☐☐.

고양이의 목에 방울을 ☐☐.

6주 2일 정답 확인

오늘 나의 실력을 평가해 봐!

 부모님 응원 한마디

글쓴이의 의견과 까닭 파악하기 ③

🌳 **다음 글을 읽고 물음에 답해 봅시다.**

우리는 교통질서를 지켜야 합니다. 자신의 목숨과 건강을 지키기 위해서 교통질서를 지키는 것은 몹시 중요합니다. 횡단보도를 건널 때에 신호등을 보지 않고 건너면 사고가 날 위험이 높습니다. 얼마 전 제 친구도 신호등을 보지 않고 길을 건너다가 교통사고로 병원에 입원을 한 적이 있습니다. 그리고 교통 신호를 잘 안 지키면 자동차들이 이리저리 뒤섞여 사람들에게 불편을 주게 됩니다. 그래서 길이 막히는 등 교통이 혼잡해질 수 있습니다. 따라서 우리는 모두 교통질서를 잘 지켜야 합니다.

1 글쓴이의 의견으로 알맞은 것은 무엇인가요? (　　　　　)

① 교통질서를 잘 지켜야 한다.　　　② 교통질서를 혼잡하게 해야 한다.

③ 자동차를 이용하지 말아야 한다.　　④ 신호등을 보지 않고 건너도 된다.

⑤ 횡단보도를 더 많이 만들어야 한다.

2 글쓴이의 의견에 대한 까닭을 바르게 말하지 <u>못한</u> 친구에게 X표 하세요.

사람들의 불편을 줄이기 위해서야.

자신의 목숨과 건강을 지키기 위해서야.

차보다 사람이 항상 먼저 횡단보도를 건너기 위해서야.

(　　　　)　　　　(　　　　)　　　　(　　　　)

🌳 **다음 글을 읽고 물음에 답해 봅시다.**

차를 타면 먼 거리도 빠르고 편하게 이동할 수 있습니다. 우리는 현장 학습을 가거나 나들이를 갈 때 등 다양한 상황에서 차를 타게 됩니다. 이처럼 우리의 이동을 편리하게 하는 차를 안전하게 타기 위해서, 차가 출발하기 전에 반드시 해야 할 일이 있습니다. 바로 안전띠를 매는 것입니다.

안전띠를 매지 않으면 차가 갑자기 출발하거나 멈출 때 우리 몸은 많이 흔들리게 됩니다. 또 차가 다른 물체와 세게 부딪치면 그 충격으로 우리 몸이 앉은 자리에서 튕겨 나가 심하게 다칠 수 있습니다. 안전띠는 차의 어느 자리에 앉든지 모두가 반드시 매야 합니다. 단 한 사람만 안전띠를 매지 않아도, 차 안에 있는 모든 사람이 위험해집니다. 사고가 났을 때 안전띠를 매지 않은 사람이 안전띠를 맨 사람과 부딪쳐 다칠 수 있기 때문입니다. 그러므로 차를 탈 때는 우리의 생명을 지켜 주는 안전띠를 잊지 말고 매도록 합시다.

3 글쓴이의 의견으로 알맞은 것은 무엇인가요? (   )

① 현장 학습을 자주 가야 한다.　　② 가까운 거리는 걷는 것이 좋다.
③ 뒷자리에는 안전띠가 필요 없다.　　④ 차를 탈 때 반드시 안전띠를 매야 한다.
⑤ 안전띠를 매는 것은 탑승자의 자유이다.

4 안전띠를 매지 않았을 때 일어날 수 있는 일이 <u>아닌</u> 것에 X표 하세요.

차가 갑자기 출발하면 차가 흔들리면서 우리 몸도 많이 흔들린다.	차가 갑자기 멈추어도 몸에는 충격이 없기 때문에 몸이 흔들리지 않는다.	차가 다른 물체와 세게 부딪치면 그 충격으로 자리에서 몸이 튕겨 나갈 수 있다.
( )	( )	( )

5 단 한 사람만 안전띠를 매지 않아도 위험한 까닭으로 알맞은 것에 ○표 하세요.

(1) 사고가 났을 때 안전띠를 맨 사람과 매지 않은 사람이 부딪쳐 모두 다칠 수 있기 때문이다. ·· (   )

(2) 사고가 났을 때 안전띠를 맨 사람들이 매지 않은 사람보다 탈출하기가 더 어렵기 때문이다. ·· (   )

6 다음 글을 읽고 안전띠를 바르게 맨 모습으로 알맞은 것에 ○표 하세요.

> [올바른 안전띠 착용법]
> • 첫째, 딸깍 소리가 날 때까지 걸쇠를 밀어서 넣고, 제대로 잠겼는지 확인합니다.
> • 둘째, 안전띠가 배 쪽이 아닌, 어깨와 골반뼈가 지나가는 곳에 위치하도록 합니다.
> • 셋째, 안전띠가 꼬인 부분이 있는지 확인하고, 평평하게 펴서 맵니다.

(   )   (   )

7 빈칸에 알맞은 말을 써서, 이 글의 내용을 정리해 보세요.

> 차를 탈 때는 잊지 말고 반드시 ☐☐☐ 를 매야 합니다.

헷갈리는 말

○ 보기 를 보고, 다음 문장에 어울리는 말을 골라 ○표 하세요.

> 보기
> • 매다: 끈이나 줄 따위를 몸에 두르거나 감아 잘 풀어지지 않게 마디를 만들다.
> • 메다: 어깨에 걸치거나 올려놓다.

안전띠를
(매다 / 메다).

가방을
(매다 / 메다).

쌀가마를 어깨에
(매다 / 메다).

허리띠를
(매다 / 메다).

6주 3일
정답 확인

오늘 나의 실력을 평가해 봐!

부모님 응원 한마디

글쓴이의 의견과 까닭 파악하기 ④

🌳 다음 만화를 보고 물음에 답해 봅시다.

1 두 친구는 같은 그림을 보고 다르게 생각을 하였습니다. ㉠~㉢에 들어갈 알맞은 말을 보기에서 찾아 쓰며, 두 친구의 의견과 그 까닭을 정리해 보세요.

| 보기 | 잔 | 사람 | 보라색 | 연두색 |

	의견	까닭
남자 아이	이 그림은 마주 보는 (㉠)을 표현하고 있다.	(㉡) 부분이 사람의 옆모습을 하고 있기 때문이다.
여자 아이	이 그림은 잔을 표현하고 있다.	연두색 부분이 (㉢) 모양이기 때문이다.

(1) ㉠: (   ) (2) ㉡: (   ) (3) ㉢: (   )

다음 글을 읽고 물음에 답해 봅시다.

환경을 지키기 위해 생활 속에서 쉽게 실천할 수 있는 것 가운데 하나로 분리배출이 있습니다. 분리배출이란 쓰레기를 종류별로 나누어 버리는 것을 말합니다. 특히 재활용이 가능한 쓰레기는 잘 나누어서 버려야 합니다.

재활용이 가능한 분리배출 목록으로는 종이, 종이 팩, 유리, 금속 캔, 페트병, 플라스틱 등이 있습니다. 책, 공책, 신문은 종이로, 우유갑은 종이 팩으로 구별해 버려야 합니다. 우유갑이 일반 종이와 같이 버려질 경우에는 재활용되는 과정에서 더 많은 시간이 걸리며 재활용이 불가능해지기도 합니다.

음식물도 분리배출을 잘해야 합니다. 음식물 쓰레기는 동물의 사료로 사용할 수 있는 것을 말합니다. 채소의 뿌리나 과일의 씨, 닭 뼈, 생선 가시, 달걀 껍데기와 같은 것들은 음식물 쓰레기가 아니라 일반 쓰레기이기 때문에 음식물과 함께 버리면 안 됩니다.

분리배출을 잘하면 자원을 아낄 수 있고, 쓰레기를 줄여서 환경을 보호할 수도 있습니다. 또 물건을 함부로 버리지 않게 되고, 재활용하여 새로운 물건으로 만들 수 있습니다. 이처럼 장점이 많은 분리배출을 생활 속에서 실천하여 환경 보호를 위해 지속적으로 노력합시다.

2 글쓴이의 의견으로 가장 알맞은 것은 무엇인가요? (   )

① 음식을 골고루 먹자.　　　　② 고장 난 물건도 고쳐 쓰자.

③ 음식물 쓰레기를 만들지 말자.　　④ 쓰레기는 꼭 쓰레기통에 버리자.

⑤ 환경을 위해 분리배출을 실천하자.

3 분리배출을 해야 하는 물건이 <u>아닌</u> 것은 무엇인가요? (   )

① 유리　　　② 종이　　　③ 찰흙　　　④ 페트병　　　⑤ 종이 팩

4 우유갑을 종이와 함께 버리지 말아야 하는 까닭으로 알맞은 것을 두 가지 고르세요.

(,   )

① 재활용이 불가능해질 수도 있기 때문에

② 재활용이 빠르게 이루어질 수 있기 때문에

③ 우유갑은 분리배출 목록에 속하지 않기 때문에

④ 재활용되는 과정에서 더 많은 시간이 걸리기 때문에

⑤ 재활용되는 과정에서 쓰레기가 줄어들 수 있기 때문에

5 음식물 쓰레기에 대해 바르게 말한 친구는 누구인가요? (   )

① 수아: 달걀 껍데기는 음식물 쓰레기야.

② 도윤: 닭 뼈나 생선 가시도 음식물 쓰레기야.

③ 경훈: 음식물 중에 딱딱한 것만을 음식물 쓰레기라고 해.

④ 시우: 버려지는 음식물 중에 동물이 먹을 수 없는 것이야.

⑤ 세효: 버려지는 음식물 중에 동물 사료로 쓸 수 있는 것이야.

6 분리배출을 해야 하는 까닭으로 알맞지 <u>않은</u> 것에 X표 하세요.

자원을 아낄 수 있다.	☐	환경을 보호할 수 있다.	☐
다 쓴 물건을 쉽게 버릴 수 있다.	☐	재활용하여 새로운 물건으로 만든다.	☐

한 문장
마무리

7 빈칸에 알맞은 말을 써서, 이 글의 내용을 정리해 보세요.

☐	☐	☐	☐	을 실천하여 환경을 지켜야 합니다.

분리배출과 관련된 말

● 사다리를 타고 내려가 빈칸에 들어갈 분리배출과 관련된 말을 확인해 보세요.

종이와 종이 팩을 (　　　).

남아 있는 내용물을 (　　　).

물로 안을 깨끗이 (　　　).

페트병을 (　　　).

비우다

헹구다

구별하다

찌그러트리다

오늘 나의 실력을 평가해 봐!

부모님 응원 한마디

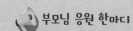

글쓴이의 의견과 까닭 파악하기 ❺

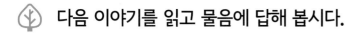 다음 이야기를 읽고 물음에 답해 봅시다.

> 숲속에 사는 동물들이 모여 누가 마을을 지켜야 할지 의논하였습니다.
>
> 기린: (목을 길게 늘이며) 나는 목이 길어서 멀리 볼 수 있으니까 내가 마을을 지켜야 해.
> 말: 나는 달리기를 잘해. 그래서 위험한 일이 생기면 언제든지 빨리 알려 줄 수 있어. 그러니까 내가 마을을 지켜야 해.
> 독수리: 나는 하늘을 날 수 있어서 멀리 있는 것도 잘 보고, 소식을 빨리 알려 줄 수도 있어. 당연히 내가 마을을 지켜야 해.

1 숲속 동물들은 무엇에 대해 의논하였는지 이 글에서 찾아 쓰세요.

누가 [ ] [ ] 을 지켜야 할지 의논하였다.

2 숲속 동물들의 의견에 대한 까닭을 보기 에서 찾아 빈칸에 기호를 쓰세요.

> 보기
> ㉠ 나는 목이 길어서 멀리 볼 수 있어.
> ㉡ 나는 달리기를 잘해서 위험한 일이 생기면 빨리 알려 줄 수 있어.
> ㉢ 나는 하늘을 날 수 있어서 멀리 있는 것도 잘 보고, 소식도 빨리 알려 줄 수 있어.

(1) 말: (   )   (2) 기린: (   )   (3) 독수리: (   )

다음 글을 읽고 물음에 답해 봅시다.

우리는 멋있는 사람을 좋아한다. 그렇다면 진정으로 멋있는 사람이란 어떤 사람일까? 멋있는 사람이 되려면 어떻게 해야 할까?

멋있는 사람이 되려면 나 자신을 사랑해야 한다. 어떤 사람은 자기의 부족한 부분이나 아쉬운 부분만 생각하여 자신을 소중하게 생각하지 않기도 한다. 그러나 진정 멋있는 사람은 자기 자신을 아끼고 소중히 여기며 사랑하는 사람이다. 자기를 소중히 여기고 아끼는 사람은 다른 사람들을 대할 때에 떳떳하기 때문에 상대에게 좋은 느낌을 준다.

멋있는 사람이 되려면 나의 좋은 점을 잘 키워 나가야 한다. 사람은 저마다 잘하는 것이나 좋은 점이 다르다. 운동을 잘하는 사람이 있고, 노래를 잘하는 사람이 있다. 활기찬 성격으로 친구들을 기분 좋게 해 주는 사람이 있는가 하면, 차분하게 친구의 말을 잘 들어 주는 사람도 있다. 내가 잘하는 것이나 나의 좋은 점을 잘 발휘할 때에 멋있는 사람이 될 수 있다.

또, 멋있는 사람이 되려면 ㉠유행에 휩쓸리지 않고 자신에게 어울리는 모습을 스스로 만들어 가야 한다. 텔레비전에 나오는 연예인들의 겉모습을 따라 하고 그들과 똑같은 옷을 입거나 똑같은 머리 모양을 하는 것은 단지 흉내 내기에 지나지 않는다. 진정한 멋은 남을 따라 하는 데에서 나오는 것이 아니다.

3 멋있는 사람이 되기 위한 방법으로 알맞지 <u>않은</u> 것은 무엇인가요? (   )

① 자기 자신을 사랑해야 한다.
② 자신이 잘하는 것을 잘 발휘해야 한다.
③ 자신의 좋은 점을 잘 키워 나가야 한다.
④ 자신에게 어울리는 모습을 스스로 만들어 가야 한다.
⑤ 자기의 부족한 부분이나 아쉬운 부분만 생각해야 한다.

4 ㉠의 까닭으로 가장 알맞은 것은 무엇인가요? (   )

① 유행을 따라 하는 것이 진정한 멋이기 때문에

② 다른 사람들에게 비싼 옷을 자랑할 수 있기 때문에

③ 흉내 내기를 통해 연예인과 같아질 수 있기 때문에

④ 유행을 따라 해야 나의 좋은 점을 키울 수 있기 때문에

⑤ 다른 사람을 따라 하는 것은 흉내 내기일 뿐이기 때문에

5 다음 중 이 글에서 말한 멋있는 사람에 해당하는 친구를 찾아 ○표 하세요.

연예인이 입었던 옷을 똑같이 사서 학교에 입고 온 지훈이 ☐	키가 작은 것을 내내 속상해하며 키가 큰 친구들을 부러워하는 솔이 ☐	태권도에 소질이 있어서 실력을 키우기 위해 더 열심히 노력하는 채영이 ☐

6 글쓴이의 의견을 바르게 말한 친구의 이름을 쓰세요.

수아: 진정으로 멋있는 사람이 되려면 자기만 소중히 여기기보다는 다른 사람을 잘 도와주고 남을 배려하는 마음을 가져야 해.

도윤: 진정으로 멋있는 사람이 되려면 자신을 사랑하고 자신의 좋은 점을 잘 키워 나가며, 자신에게 어울리는 모습을 만들어 가야 해.

(   )

7 알맞은 말에 ○표 하여, 이 글의 내용을 정리해 보세요.

이 글은 (멋있는 / 유행을 따르는) 사람이 되기 위한 방법을 설명하고 있습니다.

성격을 나타내는 말

◯ 다음 그림을 보고, 빈칸에 들어갈 알맞은 말을 골라 ◯표 하세요.

유준이는 명랑하고 (　　　　).

어둡다　　　　활기차다

선빈이는 조용하고 (　　　　).

시끄럽다　　　　차분하다

꼬마 왕자는 겁이 많고 (　　　　).

당당하다　　　　소심하다

우리 아빠는 너그럽고 (　　　　).

냉정하다　　　　자상하다

그림이나 사진 읽기 ①

반려동물과 관련된 소망 공원의 이용 안내 표지판 그림으로 알맞은 것에 ○표 하세요.

아빠, 우리 미래 어린이 공원에 가요. 지난번에 안내 표지판을 보니까 목줄을 착용하고, 배변 봉투를 챙기면 구름이도 같이 갈 수 있대요.

그래, 가 보자.

앗, 지난번에 본 표지판은 미래 어린이 공원이 아니라, 소망 공원이었나 봐요.

미래 어린이 공원 이용 안내

아이고, 괜찮단다. 그럼 우리 소망 공원으로 가자!

소망 공원의 안내 표지판에는 (/)와 같은 그림이 그려져 있을 것입니다.

그림책이나 만화, 광고 등을 보면 글뿐만 아니라 그림도 함께 나옵니다. 그림은 글의 내용을 보충하기도 하고, 글에 없는 내용을 알려 주기도 합니다. 그래서 글을 이해하는 것만큼이나 그림을 이해하는 것도 중요하지요. 그러므로 내용을 온전히 파악하기 위해서는 그림까지 꼼꼼히 살펴봐야 합니다. 자, 그럼 이제 그림이나 사진을 읽는 연습을 함께 해 볼까요?

다음 그림을 읽으며, 내용을 파악해 보세요.

💡 그림의 여러 가지 요소를 꼼꼼하게 살펴보며 내용을 이해해 보세요.

 그림을 보고 알 수 있는 내용을 바르게 이야기한 것은 무엇인가요? (   )

① 사람들은 모두 자리에 서 있어.

② 원영이는 양손으로 축구공을 들고 있어.

③ 여러 사람이 원영이의 생일을 축하하고 있어.

④ 원영이는 한복을 입고 엄마의 품에 안겨 있어.

⑤ 사람들은 상 위에 차려져 있는 음식을 나누어 먹고 있어.

 그림을 읽을 때 고려해야 할 점을 알맞게 말한 친구에게 ○표 하세요.

호진: 그림의 내용을 꼼꼼히 살피며 상황을 이해하고 제시된 글의 내용도 함께 관련지으며 종합적으로 생각해야 해.	하윤: 그림은 글보다 전달할 수 있는 정보가 적으므로, 그림에 표현된 인물의 표정이나 행동 등은 꼼꼼히 살펴보지 않아도 괜찮아.
( )	( )

2 다음 그림을 읽으며, 내용을 파악해 보세요.

 이 그림을 통해 전하려는 말로 가장 알맞은 것은 무엇인가요? (   )

① 자전거 타기는 건강에 좋다.   ② 우리 고장에는 공장이 많다.

③ 내가 먼저 친구에게 양보하자.   ④ 사람들이 공원을 더럽히고 있다.

⑤ 환경을 보호하기 위해 노력해야 한다.

💡 그림과 글은 서로 부족한 부분을 보완해 주므로, 관련지어 읽어야 합니다.

 이 그림과 보기 를 같이 읽은 후의 생각을 알맞게 이야기하지 <u>못한</u> 친구의 이름을 쓰세요.

> 보기   공기 오염은 인간은 물론이고 동물, 식물에게도 좋지 않습니다. 공기 오염
> 은 주로 공장 굴뚝에서 배출하는 연기와 자동차의 매연 때문에 생겨납니다.

민재: 화살표 오른쪽의 그림들을 통해서 공기 오염을 줄이기 위한 방법을 깨달
     을 수 있었어.

미래: 공기 오염의 원인인 자동차를 생산하는 공장의 모습과 자동차의 생산 과
     정을 이해할 수 있었어.

소희: 그림만 봤을 때는 잘 이해되지 않았는데, 글의 내용과 함께 보니 그림이
     공기 오염과 관련되어 있다는 것을 더 분명하게 알 수 있었어.

(   )

'환경 오염'과 관련 있는 말

◯ 다음 그림과 낱말의 뜻을 보고, 환경 오염과 관련 있는 말을 따라 쓰세요.

첫째, 자동차에서 내뿜는 | 매 | 연 |
└ 연료가 탈 때 나오는,
그을음이 섞인 연기

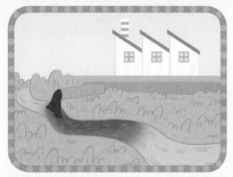

둘째, 공장에서 나오는 | 폐 | 수 |
└ 공장 등에서 쓰고 난 뒤에
버리는 물

셋째, 마구잡이로 이루어지는 | 벌 | 목 |
└ 숲에 있는 나무를
베는 일

넷째, 지나친 | 일 | 회 | 용 | 품 | 사용
└ 한 번만 쓰고 버리도록 되어 있는 물건

🌳 다음 그림과 글을 읽고 물음에 답해 봅시다.

나는 민들레입니다. 따뜻한 봄에 한 번쯤은 나를 본 적이 있을 거예요.

4~5월이 되면, 나는 예쁜 꽃을 피워요.

꽃이 시들고 나면 그 자리에 솜털 같은 흰 갓털이 달린 씨앗이 열려 둥글게 부풀어요.

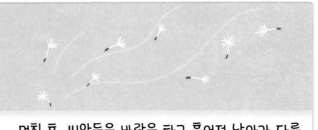

며칠 후, 씨앗들은 바람을 타고 흩어져 날아가 다른 곳에서 꽃으로 자라나요.

1 그림과 글을 읽고 민들레에 대해 알게 된 것에는 ○표, <u>아닌</u> 것에는 X표 하세요.

4~5월 정도의 봄철에 예쁜 노란색 꽃을 피운다. ☐	꽃이 시들면 솜털 같은 갓털이 달린 씨앗이 열린다. ☐	씨앗은 둥글게 부푼 후 굳어져서 땅으로 떨어진다. ☐

2 그림과 글을 함께 읽을 때의 좋은 점으로 알맞은 것에 ○표 하세요.

(1) 그림이 있으면 글의 내용을 자세히 이해하는 데 도움이 된다. ‧‧‧‧‧‧ (   )

(2) 그림과 글을 각각 살펴봐야 해서 읽을 때 시간이 오래 걸린다.‧‧‧‧‧‧ (   )

🌳 **다음 글을 읽고 물음에 답해 봅시다.**

　사물놀이는 우리 조상들이 즐기던 '풍물놀이'를 바탕으로 1970년대 후반에 만들어졌습니다. 꽹과리, 장구, 북, 징의 네 가지 전통 악기만을 이용하여 연주합니다. 각 악기는 저마다 자연의 현상을 상징하며, 서로 다른 소리를 내면서 어울려 경쾌하고 흥겨운 가락을 만듭니다. 다음 그림을 보며 사물놀이에 쓰이는 각 악기의 특성을 알아봅시다.

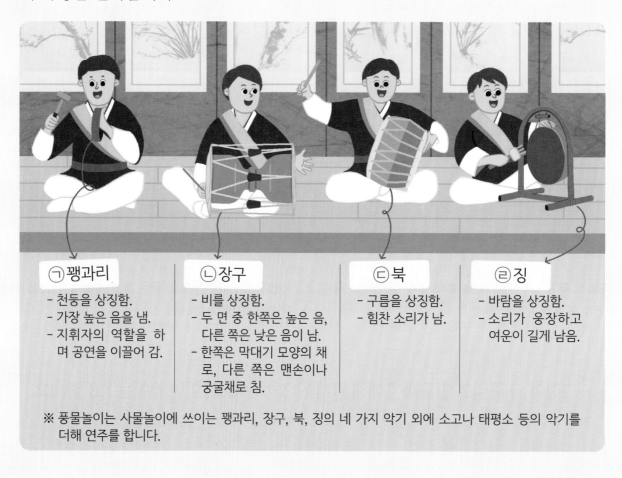

㉠ 꽹과리	㉡ 장구	㉢ 북	㉣ 징
- 천둥을 상징함. - 가장 높은 음을 냄. - 지휘자의 역할을 하며 공연을 이끌어 감.	- 비를 상징함. - 두 면 중 한쪽은 높은 음, 다른 쪽은 낮은 음이 남. - 한쪽은 막대기 모양의 채로, 다른 쪽은 맨손이나 궁굴채로 침.	- 구름을 상징함. - 힘찬 소리가 남.	- 바람을 상징함. - 소리가 웅장하고 여운이 길게 남.

※ 풍물놀이는 사물놀이에 쓰이는 꽹과리, 장구, 북, 징의 네 가지 악기 외에 소고나 태평소 등의 악기를 더해 연주를 합니다.

3 사물놀이에서 지휘자의 역할을 하는 악기는 무엇인가요? (　　　　　)

① 북　　　　　② 징　　　　　③ 채　　　　　④ 장구　　　　　⑤ 꽹과리

4 사물놀이에 사용되는 각 악기가 상징하는 자연 현상을 이 글에서 찾아 쓰세요.

(1) 북: (　　　　　　　)　　　　(2) 징: (　　　　　　　)

(3) 장구: (　　　　　　　)　　　(4) 꽹과리: (　　　　　　　)

5 보기 에서 설명하는 악기는 무엇인지 ㉠~㉢에서 골라 기호를 쓰세요.

> 보기
> • 몸통을 사이에 두고 양쪽 면을 줄로 연결하여 고정하였다.
> • 왼쪽과 오른쪽에 있는 두 개의 면을 채와 손바닥으로 쳐서 소리를 낸다.
> • 두 면과 닿아 있는 몸통의 양쪽 끝은 둥근 모양으로 넓고 불룩하며 가운데로 갈수록 잘록하여 마치 모래시계의 모양과 닮았다.

(   )

6 사물놀이에 대해 알맞게 이야기하지 <u>못한</u> 친구의 이름을 쓰세요.

> 채빈: 사물놀이 연주자들은 어깨나 허리에 색깔이 있는 긴 띠를 매고 있어.
> 영민: 사물놀이를 연주할 때는 평소에 입는 옷이 아닌 특별한 의상을 입어.
> 은서: 사물놀이 연주에 쓰이는 악기는 주로 입으로 불거나 손으로 줄을 튕겨서 소리를 내.

(   )

7 사물놀이와 풍물놀이에 대한 설명으로 알맞은 것에 ○표 하세요.

| 1970년대 후반에 사물놀이를 바탕으로 풍물놀이가 만들어졌다. ☐ | 풍물놀이는 사물놀이보다 더 많은 악기를 사용하여 연주한다. ☐ |

한 문장
마무리

8 빈칸에 알맞은 말을 써서, 이 글의 내용을 정리해 보세요.

☐☐☐☐ 는 꽹과리, 장구, 북, 징의 네 가지 전통 악기로 연주합니다.

재미있는 **어휘** 놀이터

우리나라의 전통 악기

● 사다리를 타고 내려가 우리나라 전통 악기의 이름을 확인해 보세요.

태평소　　　박　　　가야금　　　해금

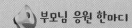

그림이나 사진 읽기 ③

🌳 다음 현수막을 보고 물음에 답해 봅시다.

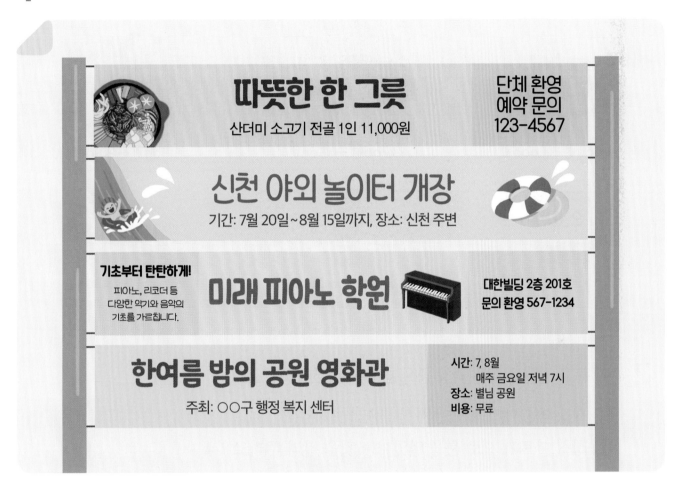

1 다음은 현수막을 보고 나눈 대화입니다. 알맞게 이야기하지 <u>못한</u> 친구의 이름을 쓰세요.

> 승아: '따뜻한 한 그릇'의 전골은 냄비에 고기가 가득 담겨 나오겠네.
>
> 이현: 튜브 그림이 그려져 있는 걸 보니 신천 야외 놀이터에서는 물놀이를 할 수 있겠구나.
>
> 지나: 그림을 보니 미래 피아노 학원에서는 피아노만 배울 수 있나 봐.
>
> 혁우: 7월과 8월에는 별님 공원에서 금요일 저녁마다 무료로 영화를 볼 수 있겠구나.

(   )

다음 광고 전단을 보고 물음에 답해 봅시다.

2 이 광고 전단을 만든 가장 중요한 목적은 무엇인가요? (   )

① 싱싱 마트에서 일하는 사람들을 소개하려고

② 싱싱 마트가 새로 문을 열었다는 것을 알려 주려고

③ 싱싱 마트에서 더 이상 팔지 않는 물건을 알려 주려고

④ 싱싱 마트에서 할인하는 물건을 알려서 많이 판매하려고

⑤ 싱싱 마트에서 파는 물건마다 가격이 다른 이유를 설명하려고

3 이 광고 전단을 보고 알 수 있는 내용을 모두 찾아 ○표 하세요.

달걀의 할인된 가격   라면을 산 사람의 수   고기의 신선한 정도

우유 1개의 값   가장 인기가 많은 색연필의 색

4 2,000원을 가진 사람이 싱싱 마트에서 살 수 <u>없는</u> 것에 X표 하세요.

(   )   (   )   (   )   (   )

5 싱싱 마트를 모르는 사람이 이 전단을 보고 물건을 사러 가려고 합니다. 더 알아야 할 내용으로 알맞지 <u>않은</u> 것은 무엇인가요? (   )

① 싱싱 마트의 위치   ② 싱싱 마트가 쉬는 날

③ 싱싱 마트의 영업시간   ④ 싱싱 마트에서 할인하는 기간

⑤ 싱싱 마트에서 할인하는 물건의 종류

6 이 전단을 본 아이가 엄마에게 상품의 할인 가격을 말해 주었습니다. 알맞은 것에 ○표 하세요.

> 엄마, 싱싱 마트에서 원래 8,000원인 주스를 3,500원에 살 수 있어요.
>
> ☐

> 엄마, 싱싱 마트에서 원래 5,500원인 생수 6개를 3,500원에 살 수 있어요.
>
> ☐

7 빈칸에 알맞은 말을 써서, 광고 전단을 통해 알 수 있는 내용을 정리해 보세요.

> 싱싱 마트에서 ☐☐ 하는 상품들과 가격을 알 수 있습니다.

뜻이 비슷한 말

○ 다음 그림을 보고, 밑줄 친 낱말과 뜻이 비슷한 말을 골라 ○표 하세요.

떡볶이와 어묵을 판매하다.

사다 　　　 팔다

새로 산 청소기는 품질이 우수하다.

뛰어나다 　　　 부족하다

할인 중인 상품을 손님들에게 알리다.

뺏다 　　　 소개하다

이 가게는 다른 가게에 비해 사과의 가격이 싸다.

비싸다 　　　 저렴하다

그림이나 사진 읽기 ④

🌳 다음 광고를 보고 물음에 답해 봅시다.

오늘 한 권 더 성장했습니다.

– 한국방송광고진흥공사

1 광고에 나온 사진을 보고 알 수 있는 내용을 바르게 이야기한 것에 ○표 하세요.

(1) 아이가 손에 책을 잔뜩 들고 걸어가고 있어. ······················ (   )

(2) 아이가 머리 위에 책을 올려놓고 키를 재고 있어. ················ (   )

2 1번을 통해 '오늘 한 권 더 성장했습니다.'의 뜻을 짐작해 보았습니다. 알맞은 말을 골라 ○표 하세요.

> 책을 읽으면 그만큼 아이의 (키와 발 / 지식과 마음)이 자라난다는 뜻이다.

다음 광고를 보고 물음에 답해 봅시다.

물도 끊어 쓰세요!

동생의 세안 - 물 네 칸

아빠의 세차 - 물 여섯 칸

누나의 샤워 - 물 여덟 칸

우리 가족의 일상을 책임지는 소중한 물.

끊어 쓰지 않으면 언젠가는 끊어집니다!

– 한국방송광고진흥공사

3 이 광고를 만든 까닭은 무엇인가요? (   )

① 새로 나온 휴지를 팔기 위해서

② 물을 아껴 써야 한다고 말하기 위해서

③ 물에 젖지 않는 휴지를 소개하기 위해서

④ 물을 아낄 수 있는 수도꼭지를 알리기 위해서

⑤ 몸을 씻는 것이 중요하다는 것을 말하기 위해서

4 수도꼭지에서 나오는 것을 휴지로 나타낸 까닭은 무엇인가요? (   )

① 물 대신 휴지를 사용하라고

② 물도 휴지처럼 길게 풀어져서

③ 물도 휴지처럼 필요한 만큼만 끊어서 쓰라고

④ 미래에는 수도꼭지에서 휴지가 나올 것이어서

⑤ 물과 휴지는 끊어 쓸 수 없다는 공통점이 있어서

5 이 광고의 그림을 빼고 문구를 새롭게 고쳐 넣으려고 합니다. 원래의 그림이 나타내고자 하는 뜻을 가장 잘 드러내는 문구는 무엇인가요? (   )

① 집에서는 물도 끊어 쓰세요!   ② 휴지처럼 물도 끊어 쓰세요!
③ 샤워할 때는 물도 끊어 쓰세요!   ④ 수도꼭지처럼 물도 끊어 쓰세요!
⑤ 칼을 이용해서 물도 끊어 쓰세요!

6 "끊어 쓰지 않으면 언젠가는 끊어집니다!"라는 말의 뜻을 바르게 짐작한 것은 무엇인가요? (   )

① 물을 아끼지 않으면 물이 바닥납니다.
② 물을 아껴 쓰지 않으면 벌금을 냅니다.
③ 휴지를 끊어 쓰지 않으면 저절로 끊어집니다.
④ 물은 휴지와 달라서 끊어 쓰지 않아도 됩니다.
⑤ 물은 다시 만들어지기 때문에 마음껏 써도 됩니다.

7 광고에 그림이나 사진을 넣는 까닭으로 알맞은 것은 무엇인가요? (   )

① 그림이 글보다 만들기 쉬워서
② 광고에 글을 넣을 자리가 부족해서
③ 말하고 싶은 내용을 더 잘 전달하기 위해서
④ 글만 있으면 내용을 부풀리거나 감추기 쉬워서
⑤ 광고에서는 글과 그림을 같이 사용해야 한다는 규칙이 정해져 있어서

8 알맞은 말에 ○표 하여, 광고의 내용을 정리해 보세요.

> 휴지를 끊어 쓰는 것처럼 물도 끊어 쓰며 (낭비해야 / 절약해야) 합니다.

공통된 한자가 쓰인 말

● 다음 그림을 보고, 공통된 한자가 쓰인 말을 보기에서 골라 빈칸에 알맞게 쓰세요.

| 보기 | 세안 | 세차 | 세탁 |

비누로 ☐☐ 을 꼼꼼하게 한다.

☐☐ 후 옷을 건조대에 널었다.

아빠와 함께 ☐☐ 를 열심히 했다.

한자 '세(洗)'는 '씻다'라는 뜻이에요. '세안'은 얼굴을 씻는 일, '세탁'은 옷을 깨끗하게 빠는 일, '세차'는 자동차를 깨끗하게 씻는 일을 뜻해요.

그림이나 사진 읽기 ⑤

🌳 다음 만화를 보고 물음에 답해 봅시다.

1 경훈이가 우연히 듣게 된 대화 내용으로 알맞은 것에 ○표 하세요.

자신이 옆집 아주머니 집에 가 있게 될 것이다.	자신이 당분간 할머니 댁에 가 있게 될 것이다.	집안 형편이 좋아져서 자신의 집으로 돌아갈 것이다.
( )	( )	( )

2 ㉠에 들어갈 경훈이의 마음을 나타내는 말로 가장 알맞은 것은 무엇인가요?

(   )

① 정말 미안해.　　② 너무 속상해.　　③ 아이, 즐거워.

④ 주말이 기대돼.　　⑤ 혼자 놀려니 심심해.

다음 만화를 보고 물음에 답해 봅시다.

3 **1~3**에서 알 수 있는 내용을 바르게 이야기한 것에 〇표 하세요.

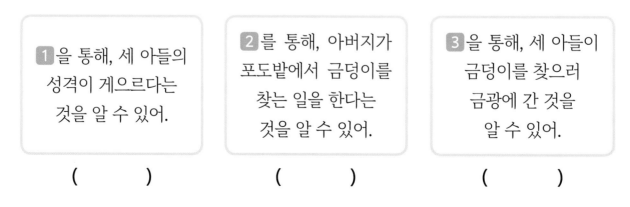

1을 통해, 세 아들의 성격이 게으르다는 것을 알 수 있어.

(   )

2를 통해, 아버지가 포도밭에서 금덩이를 찾는 일을 한다는 것을 알 수 있어.

(   )

3을 통해, 세 아들이 금덩이를 찾으러 금광에 간 것을 알 수 있어.

(   )

4 ㉠을 실감 나게 읽으려 할 때 가장 잘 어울리는 목소리는 무엇인가요? (   )

① 크고 활기찬 목소리   ② 작고 힘없는 목소리
③ 신나고 설레는 목소리   ④ 경쾌하고 밝은 목소리
⑤ 씩씩하고 우렁찬 목소리

5 ㉡에 들어갈 말로 가장 알맞은 것은 무엇인가요? (   )

① 우리 삼 형제가 포도를 많이 먹는 것이었어.
② 우리 삼 형제가 어머니께 효도하는 것이었어.
③ 우리 삼 형제가 포도를 비싸게 사는 것이었어.
④ 우리 삼 형제가 포도밭에 나가지 않는 것이었어.
⑤ 우리 삼 형제가 정성을 다해 열심히 일하는 것이었어.

6 ⑧에 이어질 내용을 가장 알맞게 말한 친구의 이름을 쓰세요.

> 진현: 세 아들은 다시 집으로 돌아가서 게으르게 생활할 거야.
>
> 윤주: 세 아들은 포도밭에서 더욱 열심히 농사를 지으며 살 거야.
>
> 재희: 세 아들은 포도밭의 나무들을 뽑아 버리고 더 큰 금덩이를 찾을 거야.

(   )

한 문장 마무리

7 알맞은 말에 ○표 하여, 이 만화의 내용을 정리해 보세요.

세 아들은 성실하게 (일하는 / 빈둥대는) 것이 진정한 금덩이라는 것을 깨달았습니다.

흉내 내는 말

○ 다음 그림을 보고, 빈칸에 들어갈 알맞은 말을 찾아 선으로 이어 보세요.

집 안에서 (   ) 놀다.

· 빈둥빈둥

민호는 늘 (   ) 웃는다.

· 덩실덩실

우리는 (   ) 탈춤을 췄다.

· 생글생글

8주 1일

주제 알기 ❶

다음 물음에 대한 서현이의 답은 무엇일까요? 알맞은 말을 골라 ○표 하세요.

"앞을 볼 수 없는 분이 왜 등불을 들고 다니시나요?"

그러자 그는 웃으며 대답했어요.

"내가 등불을 가지고 다니면 길을 다니는 사람들이 모두 안전하게 다닐 수 있지요. 또 이 등불이 있으면 내가 앞을 보지 못하는 것을 알게 되어, 나를 위험한 곳으로 가지 않게 도와줄 것입니다. 결국 서로에게 좋은 일이지요."

서현아, 방금 들려준 이야기의 주제가 뭐라고 생각하니?

이 이야기의 주제는 _____

다른 사람을 (무시하는 / 배려하는) 마음을 갖자는 거야.

글에서 글쓴이가 말하고자 하는 생각이나 삶에 대한 자세를 '주제'라고 해요. 주제는 중심 내용이나 인물의 말과 행동 등을 파악하면 알 수 있어요. 글쓴이는 작품 곳곳에 주제에 대한 단서를 숨겨 놓고, 독자가 글을 읽으며 주제를 찾도록 하지요. 다양한 글을 읽어 보며, 주제를 찾아볼까요?

1 다음 편지를 읽고, 주제를 파악해 보세요.

존경하는 선생님께

선생님, 안녕하세요? 저 은경이에요. 선생님께 감사 인사를 드리려고 편지를 씁니다.

선생님을 만나면서 공부가 더욱 즐거워졌어요.

선생님, 수학 시간에 친절하게 가르쳐 주셔서 정말 감사합니다. 그리고 제가 일기장을 깜빡 잊고 가져오지 못하였을 때도 따뜻하게 말씀해 주셔서 감사합니다.

선생님께서 제게 주신 사랑을 생각하며 반드시 훌륭한 사람이 되겠습니다.

안녕히 계세요.

20○○년 11월 8일

이은경 올림

 글쓴이가 이 편지를 쓴 까닭은 무엇인가요? (   )

① 새로운 소식을 전하기 위해서　　　② 고마운 마음을 전하기 위해서

③ 자신의 친구를 소개하기 위해서　　④ 주말에 만날 약속을 잡기 위해서

⑤ 자신이 잘 아는 것을 설명하기 위해서

 빈칸에 알맞은 말을 써서 이 편지의 주제를 완성해 보세요.

이 편지의 주제는 '선생님에 대한 (감사 / 불평)이다.

 '주제'에 대해 알맞게 말한 것에 ○표 하세요.

(1) 글의 중심 내용을 파악하면 주제를 알 수 있어. ·················· (   )

(2) 편지를 받는 사람과 쓴 사람을 살펴보면 주제를 알 수 있어. ········ (   )

2 다음 글을 읽고, 주제를 파악해 보세요.

학교 수업을 마치고 집으로 돌아오던 길이었습니다. 이웃집 형이 동전을 떨어뜨리고 지나갔습니다. 나는 얼른 달려가 동전을 주웠습니다. 백 원짜리 동전이었습니다.

"형, 동전을 떨어뜨렸어요."

나는 형에게 동전을 건네주었습니다. 형은 웃으면서 말하였습니다.

"나도 떨어진 거 알고 있어."

형은 동전을 받지 않고 그냥 가 버렸습니다. 나는 이상하다고 생각하였습니다.

'왜 그럴까? 백 원짜리라서 그런가? 백 원짜리 동전도 하나하나 모이면 큰돈이 될 수 있을 텐데…….'

백 원짜리 동전은 보잘것없어 보이지만 모이면 할 수 있는 일이 많다고 생각합니다. 그래서 작은 것을 소중히 여기지 않는 그 형에게 안타까운 마음이 들었습니다.

우리 모두 작은 것이라도 소중히 여기는 마음을 가지면 좋겠습니다.

 글쓴이와 '이웃집 형'에 대해 정리한 내용입니다. 알맞은 말에 각각 ○표 하세요.

이웃집 형은 백 원짜리 동전을 소중히 (여기지만 / 여기지 않지만), 글쓴이는 백 원짜리 동전을 소중히 (여긴다 / 여기지 않는다).

 💡 글쓴이가 겪은 일을 통해 어떤 생각을 하게 되었는지 파악해 보세요.

이 글의 주제는 무엇인가요? (   )

① 작은 것도 소중히 여기자.

② 곁에 있는 친구를 소중하게 생각하자.

③ 서로 도우면 어려운 일도 쉽게 할 수 있다.

④ 잘 아는 일이라도 꼼꼼하게 확인하고 하자.

⑤ 다른 사람을 부러워하기보다 자신의 장점을 소중히 여기자.

마음을 나타내는 말

○ 다음 그림을 보고, 마음을 나타내는 말을 보기 에서 골라 빈칸에 알맞게 쓰세요.

보기	안타깝다	신기하다	지루하다	흐뭇하다

1등으로 달리던 누리가 결승선 앞에 다 와서

넘어져서 ⬜⬜⬜⬜.

마술 공연은 몇 번을 보아도 정말 놀랍고

⬜⬜⬜⬜.

숙제를 끝내서 ⬜⬜⬜⬜.

버스를 오래 탔더니 ⬜⬜⬜⬜.

주제 알기 ❷

🌳 다음 만화를 보고 물음에 답해 봅시다.

1 농부가 모를 잡아당긴 까닭은 무엇인가요? (   )

① 농사를 짓기 싫어서   ② 모를 빨리 자라게 하려고

③ 예전부터 그렇게 해 와서   ④ 모를 더 천천히 자라게 하려고

⑤ 벼 대신 다른 것을 심기 위해서

2 이 글의 주제를 정리한 것입니다. 알맞은 말을 골라 ○표 하세요.

> 이 만화의 주제는 '지나친 (욕심 / 재능)을 부리지 말자.'이다.

🌳 **다음 이야기를 읽고 물음에 답해 봅시다.**

옛날에, 나무꾼의 딸을 사랑한 사자가 몇 번이고 나무꾼을 찾아가 딸과 결혼을 하고 싶다고 말했습니다. 나무꾼은 하는 수 없이 이렇게 말했습니다.

㉠"사자님의 날카로운 이빨과 발톱 때문에 저의 딸이 너무나 무서워하고 있습니다. 사자님이 이빨과 발톱을 뽑아 버린다면 딸을 시집보내겠습니다."

이 말을 들은 사자는 당장 자신의 이빨과 발톱을 모두 뽑아 버렸습니다. 나무꾼은 사자와 약속을 했기에 어쩔 수 없이 딸과 사자를 결혼시켰습니다.

그러던 어느 날 딸과 사자가 숲을 걸어가던 중 다른 짐승과 만나게 되었습니다. 이빨과 발톱을 모두 뽑아 버린 사자는 더 이상 힘이 없어 자신과 신부를 지키지 못했습니다. 사자는 후회하며 말했습니다.

"내 이빨과 발톱을 조금만 더 소중히 여겼다면 이런 일은 없었을 텐데……."

3 사자가 나무꾼을 찾아간 까닭은 무엇인가요? (   )

① 나무꾼을 잡아먹으려고 계획했기 때문에
② 나무꾼에게 딸을 보내 주려고 했기 때문에
③ 나무꾼의 딸과 결혼을 하고 싶었기 때문에
④ 자신과 싸운 나무꾼과 화해를 하고 싶었기 때문에
⑤ 나무꾼이 자신의 날카로운 이빨과 발톱을 가지고 있기 때문에

4 ㉠에서 느껴지는 나무꾼의 마음을 알맞게 말한 친구에게 ○표 하세요.

진우: 나무꾼은 무섭고 위험해 보이는 사자에게 딸을 보내고 싶지 않은 것 같아.	민혜: 나무꾼은 사자가 무섭지만 딸을 지켜 줄 수 있을 거라고 생각하는 것 같아.
( )	( )

5 나무꾼의 말을 들은 사자의 모습으로 알맞은 것에 ○표 하세요.

(   )   (   )   (   )

6 사자가 자신과 신부를 지킬 수 없었던 까닭을 알맞게 말한 친구의 이름을 쓰세요.

> 수민: 사냥꾼이 나타나서 총으로 사자와 신부를 위협했기 때문이야.
>
> 지안: 숲에서 만난 짐승의 수가 너무 많아서 상대가 되지 않았기 때문이야.
>
> 재현: 자신의 이빨과 발톱을 모두 뽑아 버려서 더 이상 힘이 없었기 때문이야.

(   )

7 이 글의 주제로 가장 알맞은 것은 무엇인가요? (   )

① 부모님께 효도해야 한다.

② 돈보다 건강이 훨씬 더 중요하다.

③ 다른 사람의 말을 잘 들어야 한다.

④ 노력하지 않아도 원하는 것을 얻을 수 있다.

⑤ 자신의 소중한 것을 함부로 버려서는 안 된다.

8 알맞은 말에 ○표 하여, 이 글의 내용을 정리해 보세요.

> 자신의 (갈기와 이빨 / 이빨과 발톱)을 소중히 여기지 않고 뽑아 버린 사자는 결국 자신과 신부를 지키지 못했습니다.

뜻이 여러 가지인 말

○ 밑줄 친 '뽑다'의 뜻으로 알맞은 것을 찾아 선으로 잇고, 아래의 낱말을 따라 쓰세요.

벽에 박혀 있는 못을 뽑다.

여럿 가운데에서 골라내다.

학생회장을 뽑다.

박힌 것을 잡아당기어 빼내다.

검사를 위해 피를 뽑다.

속에 들어 있는 기체나 액체를 밖으로 나오게 하다.

''는 하나의 낱말이지만 여러 가지 뜻을 지니고 있습니다.

주제 알기 ❸

🌳 **다음 이야기를 읽고 물음에 답해 봅시다.**

> 어떤 사람이 거리에서 소리치고 있었다.
>
> "참다운 인생을 사는 방법을 팝니다. 참다운 인생을 살고 싶은 분들은 어서 오세요."
>
> 많은 사람들이 그 사람의 곁으로 모여들었다.
>
> "참다운 인생을 사는 방법이 무엇이란 말이오?"
>
> 사람들이 묻자, 그 사람이 대답하였다.
>
> "참다운 인생을 사는 방법은 바로 자신의 혀를 조심하는 것입니다."

1 다음은 이 글의 주제를 정리한 것입니다. 알맞은 말을 골라 ○표 하세요.

> 이 글은 혀를 조심해야 한다는 주제를 담고 있다. 혀를 조심해야 한다는 것은 (돈 / 말 / 힘)을 조심해야 한다는 뜻이다.

2 이 글의 주제와 관련이 있는 속담은 무엇인가요? (   )

① 하늘의 별 따기   ② 우물 안 개구리

③ 낫 놓고 기역 자도 모른다   ④ 십 년이면 강산도 변한다

⑤ 낮말은 새가 듣고 밤말은 쥐가 듣는다

다음 이야기를 읽고 물음에 답해 봅시다.

조선 시대 유명한 학자인 서경덕이 어렸을 때의 일입니다.

어느 날, 서당의 선생님이 서경덕을 불렀습니다.

"저기 선반 위에 있는 책을 내려서 가지고 오너라."

책은 서경덕이 발돋움을 하면 충분히 닿을 만한 선반 위에 있었습니다. 그런데 서경덕은 자리에서 일어나, 책은 내리지 않고 밖으로 나갔습니다. 그러더니 긴 회초리 하나를 가지고 들어왔습니다.

'책을 내리는 데 회초리가 무슨 소용이 있을까?'

친구들이 고개를 갸우뚱거렸습니다.

서경덕은 선반에 놓인 책 위를 회초리로 쓸어 보았습니다. 그러자 무엇인가 '턱' 하고 회초리에 걸렸습니다. 서경덕은 다시 밖으로 나가 발판을 가지고 들어왔습니다. 그러더니 발판을 딛고 올라서서 책 위에 있던 그릇을 내렸습니다. 그리고 그다음에 책을 내려 선생님께 가져다 드렸습니다.

"허허허. 너는 정말 신중한 성격이로구나. 내 너의 지혜를 시험해 보려고 일부러 책 위에 그릇을 올려놓았다. 앞으로도 지금처럼 신중하게 행동한다면 실수가 없을 것이다."

이를 본 친구들은 놀랐으며, 선생님은 서경덕의 행동을 여러 번 칭찬하셨습니다.

3 선생님이 서경덕에게 가지고 오라고 한 것은 무엇인가요? (   )

① 책   ② 그릇   ③ 발판   ④ 선반   ⑤ 회초리

4 서경덕이 회초리를 가지고 들어온 까닭은 무엇인가요? (   )

① 선생님께 선물로 드리려고   ② 친구가 가지고 오라고 해서
③ 책에 쌓인 먼지를 털어 내려고   ④ 회초리로 선반 위의 책을 내리려고
⑤ 책 위에 물건이 있는지 확인하려고

5 선생님이 책 위에 그릇을 올려 둔 까닭을 알맞게 말한 친구에게 ○표 하세요.

다은: 선생님은 서경덕의 지혜를 시험하기 위해서 일부러 책 위에 그릇을 올려 두었어.

(   )

서진: 선생님은 서경덕이 그릇을 깨뜨리게 하려고 장난으로 책 위에 그릇을 올려 두었어.

(   )

6 일이 일어난 순서대로 빈칸에 번호를 쓰세요.

• 선생님이 서경덕을 칭찬하였다. ·······································(   )

• 서경덕이 발판을 가지고 들어왔다.·····························(   )

• 서경덕은 책 위의 그릇을 내린 뒤 책을 내렸다.·····················(   )

• 서경덕이 회초리를 가지고 들어와 책 위를 회초리로 쓸었다. ·······(   )

• 선생님이 서경덕에게 선반 위의 책을 가지고 오라고 하였다. ········(   )

7 이 글의 주제를 완성할 수 있도록 보기 에서 알맞은 말을 찾아 빈칸에 쓰세요.

보기	성급	신중	용감	행복

항상 [ ][ ] 하게 행동하면 실수하지 않을 것이다.

한 문장 마무리

8 빈칸에 알맞은 말을 써서, 이 글의 내용을 정리해 보세요.

서경덕은 [ ][ ] 하게 행동하여 그릇을 깨뜨리지 않고 책을 내릴 수 있었고, 선생님은 이러한 모습을 크게 칭찬했습니다.

헷갈리는 말

○ 다음 그림을 보고, 빈칸에 들어갈 알맞은 말을 골라 ○표 하세요.

발돋움을 하니 상자에 손이 (　　　　).

닫다　　　　닿다

비가 와서 창문을 (　　　　).

닫다　　　　닿다

소가 송아지를 (　　　　).

낫다　　　　낳다

무릎에 난 상처가 깨끗하게 (　　　　).

낫다　　　　낳다

8주 3일
정답 확인

오늘 나의 실력을 평가해 봐!

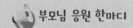 부모님 응원 한마디

주제 알기 ④

🌱 **다음 이야기를 읽고 물음에 답해 봅시다.**

> 어느 날, 개구리 가족이 길을 걸어가다 처음으로 황소를 보게 되었습니다.
>
> "엄마, 저 커다란 동물은 뭐예요?"
>
> "아마 황소라는 동물인 것 같구나. 엄마도 할머니께 말로만 들었어."
>
> "우아, 정말 커다랗고 멋진 동물이에요! 우리는 왜 저렇게 될 수 없나요?"
>
> 이 말을 들은 엄마 개구리는 공기를 한껏 들이마셔서 몸을 크게 부풀렸습니다.
>
> "얘들아, 엄마를 보렴. 엄마의 몸이 황소보다 더 크지 않니?"
>
> "아니요, 엄마. 아직 황소보다 훨씬 작아요. 하지만 우리는 엄마의 원래 모습을 사랑해요. 몸의 크기는 중요하지 않아요."
>
> 자식들이 말렸지만 소용이 없었습니다. 더욱 욕심이 생긴 엄마 개구리는 계속해서 무리하게 몸을 부풀리다가 그만 몸이 둥둥 떠서 하늘로 날아가 버렸습니다.

1 엄마 개구리는 몸을 부풀려서 무엇보다 커 보이려고 했는지 빈칸에 쓰세요.

☐ ☐

2 엄마 개구리에게 해 줄 수 있는 말로 가장 알맞은 것은 무엇인가요? (　　　)

① 너의 모습 그대로를 사랑하렴.　　② 늘 친절하게 다른 사람을 대하렴.

③ 원하는 것을 위해 더욱 노력하렴.　　④ 다른 사람의 어려움을 이해해 주렴.

⑤ 다른 사람에게서 배울 점을 찾아보렴.

🌳 **다음 이야기를 읽고 물음에 답해 봅시다.**

한 아이가 산에서 소리를 질렀습니다.

"야호!"

건너편에서 똑같은 소리가 들려왔습니다.

"야호!"

이번에는 이렇게 소리를 질렀습니다.

"야, 바보야!"

그러자 저쪽에서 똑같은 대답이 들려왔습니다.

아이는 화가 나서 산을 내려왔습니다. 어머니께 산에 아주 나쁜 아이가 있다고 말씀드렸습니다.

어머니께서 웃으며 말씀하셨습니다.

"산에는 좋은 친구도 있단다. 좋은 친구를 사귀고 싶으면 네가 먼저 친구가 되자고 말해 보렴."

아이는 다시 산에 올라가 외쳤습니다.

"좋은 친구가 되자."

"좋은 친구가 되자."

"나는 네가 좋아!"

"나는 네가 좋아!"

어머니 말씀이 옳았습니다. 아이는 기분이 좋았습니다.

3 아이가 화가 나서 산을 내려온 까닭은 무엇인가요? (   )

① 싫어하는 친구를 만나서

② 어머니께서 자신을 나무라셔서

③ 산에 올라가는 것이 너무 힘들어서

④ '야호'라는 말만 듣는 것이 지겨워서

⑤ '바보야'라는 말을 듣고 기분이 나빠서

4 이 글의 내용으로 알맞은 것은 무엇인가요? (   )

① 아이의 말을 들은 어머니는 화를 내셨다.

② 어머니께서는 아이에게 산에 가지 말라고 하셨다.

③ 어머니의 말씀대로 해도 아이의 기분은 풀리지 않았다.

④ 아이가 소리를 지르기 전에 건너편에서 소리가 먼저 들려왔다.

⑤ 어머니의 말씀을 듣고 산에 올라간 아이는 좋은 친구가 되자고 말했다.

5 아이에게 해 줄 수 있는 말로 알맞은 것을 골라 ○표 하세요.

네가 먼저 고운 말을 한다면 상대방도 고운 말을 할 거야.	친구가 되고 싶을 때에는 먼저 아무 말이나 거는 게 중요해.	좋은 친구가 되려면 상대방이 힘들 때 진심으로 도와줘야 해.
( )	( )	( )

6 이 글의 주제와 가장 관련이 깊은 속담은 무엇인가요? (   )

① 공든 탑이 무너지랴   ② 우물에 가 숭늉 찾는다

③ 돌다리도 두들겨 보고 건너라   ④ 가는 말이 고와야 오는 말이 곱다

⑤ 구슬이 서 말이라도 꿰어야 보배라

7 알맞은 말에 ○표 하여, 이 글의 내용을 정리해 보세요.

> 좋은 친구를 사귀기 위해서는 먼저 (고운 / 못된) 마음을 가져야 합니다.

가리키는 말

◉ 다음 그림과 낱말의 뜻을 보고, 가리키는 말을 따라 쓰세요.

| 이 | 쪽 |에 와서 빵을 먹어라.
└ 말하는 사람에게 가까운 곳이나 방향을 가리키는 말

| 그 | 쪽 |에 있는 소파에 앉아라.
└ 듣는 사람에게 가까운 곳이나 방향을 가리키는 말

| 저 | 쪽 |은 위험하니 절대 가지 마라.
└ 말하는 사람과 듣는 사람으로부터
　멀리 있는 곳이나 방향을 가리키는 말

'| 이 | 쪽 |, | 그 | 쪽 |, | 저 | 쪽 |'은 장소를 가리킬 때 쓰는 말입니다.

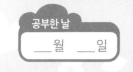

8주 5일 주제 알기 ❺

🌳 **다음 이야기를 읽고 물음에 답해 봅시다.**

원숭이들이 모여 사는 마을에 원숭이를 잡는 사냥꾼이 찾아왔습니다. 원숭이들은 그 사람이 누구인지 알면서도 신경을 쓰지 않았습니다. 그러던 어느 날, 사냥꾼이 원숭이 한 마리를 잡아 갔습니다. 원숭이들은 그 광경을 보고서도 당장 자신에게 일어난 일이 아니라며 아무 대비를 하지 않았습니다.

그 이후로 사냥꾼은 매일 원숭이를 한 마리씩 잡아 갔습니다. 마지막으로 남아 있던 한 마리의 원숭이를 잡은 사냥꾼은 원숭이에게 말했습니다.

"이제 네가 마지막 원숭이로구나. 처음 내가 나타났을 때에 너희들이 힘을 모아 나를 몰아냈다면 나는 한 마리의 원숭이도 잡을 수 없었겠지. 하지만 너희는 자기 일이 아니라고 다른 원숭이들이 잡혀가도 모른 척을 했어. 어리석은 원숭이들 같으니라고. 나중에 어떤 일이 일어날지 생각했어야지."

1 일이 일어난 순서대로 빈칸에 번호를 쓰세요.

모든 원숭이가 사냥꾼에게 잡혀갔다.	원숭이들은 아무 대비를 하지 않았다.	원숭이들이 사는 곳에 사냥꾼이 찾아왔다.
( )	( )	( )

2 이 글의 주제로 알맞은 것에 ○표 하세요.

(1) 작은 것도 모으면 큰 것이 된다. ·································· ( )

(2) 나중을 생각하며 행동해야 한다. ·································· ( )

🌿 **다음 이야기를 읽고 물음에 답해 봅시다.**

해가 달에게 사람들이 사는 마을의 이야기를 들려주었습니다.

"사람들이 사는 곳은 참 아름다워. 사람들은 항상 열심히 일하고 있지. 나뭇잎은 초록색이라서 얼마나 예쁜지 몰라."

해의 이야기를 들은 달이 말하였습니다.

"아니야, 나뭇잎은 은빛으로 빛나. 그리고 사람들은 늘 잠들어 있어."

달은 자기가 본 모습을 그대로 말하였습니다.

해는 달이 하는 말을 이해할 수 없었습니다.

"사람들이 늘 잠을 잔다고? 아니야, 사람들은 항상 바쁘게 움직여."

달도 마찬가지로 해의 말을 이해할 수 없었습니다. 그래서 구름 할아버지께 여쭈어보았습니다.

"하하하. 너희는 자기가 본 모습만 말하는구나. 그래서 서로 자기의 말이 옳다고 하는 거야. 그러나 자기가 알지 못하는 세상도 있단다."

"그게 무슨 말씀이세요?"

해가 여쭈어보았습니다.

"해는 낮의 모습만 보고 말하였지. 달은 밤의 모습만 보고 말하였어. 누구나 자기 생각만 옳다고 고집하면 실수를 할 수 있단다. 내 생각도 중요하지만, 다른 사람의 생각이 옳을 때도 있기 때문이지."

해와 달은 서로 마주 보며 고개를 끄덕였습니다.

3 **해와 달은 무엇에 대해 이야기를 하였나요? (   )**

① 구름 할아버지의 실수

② 해보다 달이 더 바쁜 까닭

③ 하늘에 해와 달만 떠 있는 까닭

④ 자기가 본 사람들이 사는 마을의 모습

⑤ 구름 할아버지가 무엇이든 다 아는 까닭

4 해와 달이 서로의 말을 이해할 수 없었던 까닭은 무엇인가요? (   )

① 차례를 지키며 말하지 않았기 때문에

② 서로 본 세상의 모습이 달랐기 때문에

③ 각자 다른 나라의 말을 사용했기 때문에

④ 서로 멀리 떨어져서 대화를 하였기 때문에

⑤ 각자 구름 할아버지의 말만 들었기 때문에

5 다음 그림은 해와 달 중 누가 본 모습인지 각각 쓰세요.

(   )

(   )

6 구름 할아버지가 해와 달에게 하려는 말로 알맞은 것은 무엇인가요? (   )

① 문제가 생기면 자기의 힘으로 해결해야 한단다.

② 내 생각을 말할 때에는 까닭을 들어 말해야 한단다.

③ 대화를 할 때에는 늘 바르고 고운 말을 써야 한단다.

④ 대화를 할 때에는 상대의 얼굴을 쳐다보아야 한단다.

⑤ 내 생각도 중요하지만, 다른 사람의 생각이 옳을 때도 있단다.

한 문장
마무리

7 알맞은 말에 ○표 하여, 이 글의 내용을 정리해 보세요.

> 이 글은 자신이 본 모습만 옳다고 생각하는 해와 달의 모습을 통해, 다른 사람의 생각을 (무시 / 존중)해야 함을 이야기하고 있습니다.

움직임을 나타내는 말

◎ 다음 밑줄 친 움직임을 나타내는 말을 알맞게 표현한 그림에 ○표 하세요.

고개를 <u>끄덕이다.</u>

팔짱을 <u>끼다.</u>

아이가 볼을 <u>부풀리다.</u>